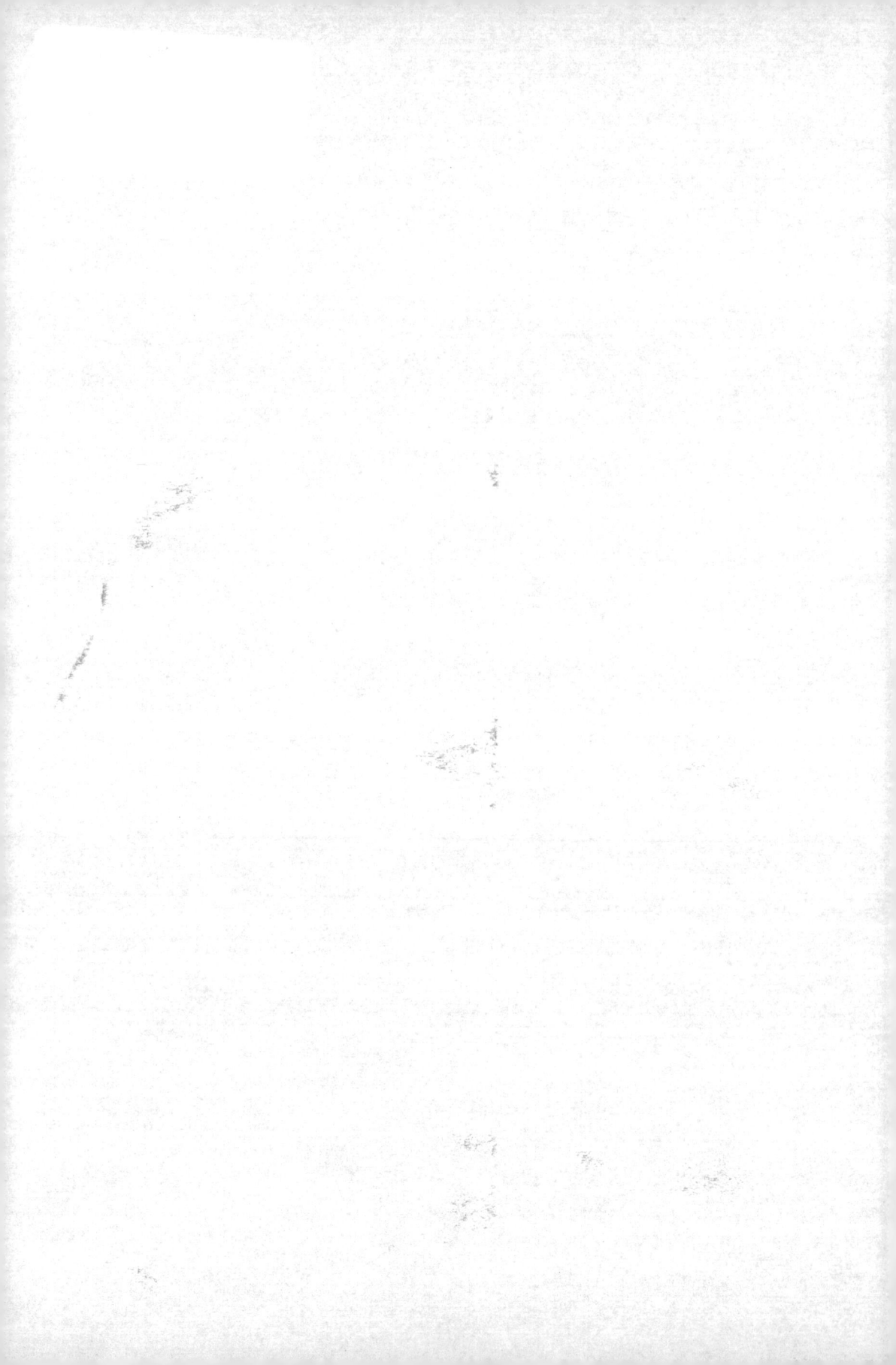

大道至简

《道德经》里的人生智慧

赵世禹 ◎ 著

安徽师范大学出版社

ANHUI NORMAL UNIVERSITY PRESS

· 芜湖 ·

图书在版编目（CIP）数据

大道至简:《道德经》里的人生智慧 / 赵世禹著.

芜湖 : 安徽师范大学出版社, 2025. 2. -- ISBN 978-7-5676-7083-9

Ⅰ. B223.1

中国国家版本馆 CIP 数据核字第 202552XZ80 号

大道至简:《道德经》里的人生智慧 赵世禹◎著

DA DAO ZHI JIAN DAODEJING LI DE RENSHENG ZHIHUI

责任编辑:潘　安

装帧设计:张　玲　汤彬彬

责任印制:桑国磊

出版发行:安徽师范大学出版社

　　　　　芜湖市北京中路2号安徽师范大学赭山校区　　　邮政编码:241000

网　　　址:https://press.ahnu.edu.cn

发 行 部:0553-3883578　5910327　5910310(传真)

印　　　刷:苏州市古得堡数码印刷有限公司

版　　　次:2025年2月第1版

印　　　次:2025年2月第1次印刷

规　　　格:700 mm × 1000 mm　　　1/16

印　　　张:10.75

字　　　数:150千字

书　　　号:978-7-5676-7083-9

定　　　价:42.00元

凡发现图书有质量问题,请与我社联系(联系电话:0553-5910315)

出版说明

面向广大普通读者，特别是青少年读者，以国学经典为媒介，积极宣传和普及中华优秀传统文化，"走好人生的路，系好人生的第一颗纽扣"，这是当代出版界的重要任务之一。

众所周知，国学经典往往流传广、注释多，不同时代甚至同一时代的读者往往有不同的理解，而且有时候彼此的理解差异很大，运用不同，实践结果不同，正所谓"我注六经"而"六经注我"。

本书积极宣传《道德经》里闪烁的"中国人的道理"，以陈鼓应著《道德经译注》（中信出版社 2020 年版）为参照，但不拘泥于古往今来各家的注释，力求删繁就简、通俗易懂，旨在激发读者阅读经典的兴趣，甚至能够密切联系当今生活、当今世界而予以积极思考。

本书体例，一是呈现原文，为便于阅读而沿用"八十一章"传统编次，如"第一章"之类；二是疏通释义，以通解为主，不逐字逐句对照，也不致力于古文词义的考证，一般不卷入注家争讼；三是发掘智慧，或解决疑惑，或交代上下文，指向藏在原文里面的道理，多为作者认真学习、思考、联系自己生活实践所得，重点在于立足当下、启迪读者。

"多读书，读好书，好读书。"希望本书有益于读者更好地生活和工作。

序

读老子其实是一件很享受的事情，很多东西读几遍就明白了，觉得人生的道理千变万化跑不出一部《论语》和一部《道德经》。然而落到笔头上，我才发现，想把自己明白的那一点道理写出来，实在是太难了。

老子说"知者不言，言者不知"，有智慧的人是不说话的，至少不多说。想要解读老子的时候，有些话如鲠在喉，说不明白，讲不透彻。解读《论语》的时候，看到孔子说"述而不作"，也会觉得汗颜。

读老子是一个修行的过程。其中的很多道理是要自己一个人的时候慢慢用心体会，自己和自己交流，向着自我觉醒之路慢慢靠近。虽然可能永远都无法真正觉醒，无论如何都实现不了顿悟，可是我们还是要修行。为何？让这身皮囊之下的灵魂能够有些许乐趣。吃饱饭之余，能让自己的思想偶尔遨游寰宇，极是享受。

如此说来，我读老子，便是自己在修行过程中的感悟而已。我觉得自己有些想法。在写作的过程中，我很快乐。

赵世禹

2024 年 5 月 30 日

目　录

第一章

[原文]

道可道，非常道；名可名，非常名。

无，名天地之始；有，名万物之母。

故常无，欲以观其妙；常有，欲以观其徼。

此两者同出而异名，同谓之玄，玄之又玄，众妙之门。

[释义]

可以用言词表达的道，不是永恒存在且运行不息的道；可以用文字表达的名，不是永恒存在且运行不息的道之名。无，是天地的本始；有，是万物的起源。因此恒常之无，可以观察道的微妙；恒常之有，可以观察道的边际。"无"和"有"都是同一本原，只是名字不同而已，可以称之为玄妙幽深，玄妙又玄妙，是为天地万物存在和变化的源头。

[智慧]

"道可道"，第一个"道"是永恒存在且运行不息的道，第二个"道"是说出来的意思。能说出来的道，一定不是本原初始的那个道，本原初始永恒存在且变易不息的那个"道"是无法用语言描述出来的。

"名可名，非常名"，第一个"名"是名称，第二个"名"是命名、界定，第三个"名"是老子所说的"道之名"。能够用通俗名称来命名的，不是道的名字。

"道"是什么，这是《道德经》最基本也是最高级的命题。"道"在老子的哲学思想中有几个含义：其一，天地宇宙的本原，或曰万事万物的本原；其二，天地运行的规律；其三，人应该遵守的准则；其四，一切可见或不可见的事物的原动力。

《道德经》的第一章，开宗明义，不要试图局限于文字层面去解读"道"，这个无比玄妙幽深的"道"要自己去体会，所谓"悟道"而已。所以一切解读，只能参考，不能全信。《道德经》是靠"悟"的，等到真的"悟"了，反而就不愿意讲出来了，也讲不出来了，即"不可说"或"一说就错"。

道家是"自觉"的哲学，追求自我觉悟、觉醒，找到自己和天地宇宙和谐相处的那个状态，每个人都会不一样的。没有一种修炼方法可以让所有的人都得道，简单来理解，就是每个人资质不同，所以修行觉悟的程度各不相同。

悟"道"这件事，强求不得。学习《道德经》，就当作是一种人生的开悟和修行，看懂多少是多少，得到什么是什么，万万不可攀比、强求。

第二章

天下皆知美之为美，斯恶已；皆知善之为善，斯不善已。

有无相生，难易相成，长短相形，高下相倾，音声相和，前后相随，恒也。

是以圣人处无为之事，行不言之教，万物作焉而不始，生而不有，为而不恃，功成而弗居。夫唯弗居，是以不去。

[释义]

天下都知道美之所以为美，丑的观念就产生了；天下都知道善之所以为善，不善的观念就产生了。有和无相互生成，难和易相辅相成，长和短相互显示，高和下相互依存，音和声相互唱和，前和后相互跟随，这是永恒的现象。因此，圣人用无为的方式处世，以不言的方式教化民众，万物兴起而不加干涉，万物生养而不据为己有，做任何事情都不会恃功自傲，功成业就却不会自我夸耀。正是因为不会居功，所以功业才不会泯灭。

[智慧]

在老子的哲学体系中，所有存在都是相对的状态：之所以感知到丑陋，是因为先有了一个美好的概念，之所以感知到不善的存在，是因为先有了一个善的概念。有和无、难和易、长和短、高和下、音和声、前和后，以及其他所有的对立，都是相对存在的，因为先有了一个概念，才能感知到其相反状态。从这个角度来说，所有的概念都是相对存在的，互相依存，不可绝对化。

圣人，是指得道的人，就是悟到了天地运行规律或悟到了万事万物本原的人。儒家的"圣人"和道家的"圣人"含义不一样：儒家的圣人是指自我修养和道德水平高，可以教化民众的人，是自觉而后觉他的施教者和民众的导师；道家的圣人，是明白了天地宇宙运行的本原规律，但是不会跳出来教化民众，他只是做符合天地运行规律的事情，而不会教导更不会命令民众跟随自己。

庄子说："吾生也有涯，而知也无涯。以有涯随无涯，殆已！"我们的生命是有限的，可是知识是无限的，用我们有限的生命去追求无限的知识，那不是要累死了吗？庄子心外无物，天大地大，扶摇而上九万里，当然不会教育后人刻意追求茫茫无边的知识。

第三章

[原文]

不尚贤，使民不争；不贵难得之货，使民不为盗；不见可欲，使民心不乱。

是以圣人之治，虚其心，实其腹；弱其志，强其骨。常使民无知无欲，使夫智者不敢为也。为无为，则无不治。

[释义]

不尊崇贤者，使得民众没有争名之心；不把难得的珍贵之物看得很重，使得民众没有偷盗之心；不展现居上位者的贪欲，使得民众不会被欲望所迷惑。因此，真正的圣人治理天下，是让民众虚怀若谷，但是能吃饱肚子；让民众没有争名夺利之心，但是筋骨强劲。让民众始终处于没有争斗之心且没有强烈欲望的状态，让那些自以为很聪明的人不敢展现他们的技巧手段。不会以刻意作为的方式去治理天下，那么天下一定会大治。

[智慧]

跟读儒、法、墨家经典不一样，我们读《道德经》，很多意思要辩证地看，不能强行解读字面意思，也就是尽量意会，用心去体会这句话的含义，而不是简单地把每个字的意思连接在一起就当作整段话的意思。

"不尚贤，使民不争"，不标榜所谓的贤人，不给民众树立一个可以争相效仿的模范，那么民众自然没有争名之心。这里的标榜贤人，我以为是不刻意而为的意思。民众必然需要引导，世上若无圣贤，百姓何以安居，何以顺时，何以存续？但是，这个圣贤是自然而然形成的，还是被统治者以行政权力刻意树立的，这其中的区别就很大了。前者是顺应民心，也就是顺应天意而形成的，百姓自发地认可，并愿意追随；后者是顺应统治者意愿，也就是君王士大夫阶层刻意塑造的，百姓中必然有人为了迎合统治者的意愿，为了自己更好的前途，刻意让自己模仿那些"贤人"，目的不纯，行为自然变形变味，恶政害民就是这样形成的。

贤者，和难得之货、上位者的欲望一样，不是不能存在，也谈不上好与不好，只是自然形成的就好，人为刻意为之的便会引发民众不自然的行为。

"智者"也是一样，不是真正充满人生智慧的贤人，而是为了追求个人功名利禄而自我塑造、自我标榜的贤人，因为不自然，所以会引发民众畸形的欲望。这样的人，当然应该压制和禁绝。

"无为"，这是一个特别容易被误解的概念，很多书上描述为道家的无为就是什么都不做。我理解的"无为"，就是不刻意为之、不妄为。顺乎天意民心的作为，有何不可，何不可为呢？

第四章

[原文]

道冲，而用之或不盈。渊兮，似万物之宗。挫其锐，解其纷，和其光，同其尘。湛兮，似或存。

吾不知谁之子，象帝之先。

[释义]

道是空虚无形的，使用起来却无穷无尽。深邃而广博，好像万事万物的本原。好神秘啊，好像存在，又好像不存在。我不知道它从哪里来的，好像在天帝之前就存在了。

[智慧]

"冲"，通"盅"，表示空虚不可见。

"渊兮"，"湛兮"，像这样的词在《道德经》里还有很多处，无须刻意纠缠其准确含义，明白是在发感叹就可以了。

"挫其锐，解其纷，和其光，同其尘。"这在第五十六章还会出现，一直以来学界认定这是错简。这留待后面解释。

"帝"是指天帝，可以理解为上天的最高主宰，不过不是一个具体的神。这里要说明一下，老子写《道德经》的时候，道家是一种学说，不是一个宗教，道教的出现比老子要晚。老子没有创造一个神作为其思想的基础。我认为，"神"这个字可以理解为"引申"，从自己内心深处引申出的道理就是"神"。千万不可以解读为老子说天上有个神仙是天帝，天帝是一个叫"道"的神仙的儿子。

老子是要描述"道"虽然空虚却取之不尽、用之不竭，其存续悠久，在上天存在之前就有了这个"道"。后面老子会进一步讲解天地万物都是这个"道"所支配和主宰的。

第五章

[原文]

天地不仁，以万物为刍狗；圣人不仁，以百姓为刍狗。

天地之间，其犹橐龠乎？虚而不屈，动而愈出。

多言数穷，不如守中。

[释义]

天地没有偏爱之心，任凭万物自然生长；圣人没有偏爱之心，任凭百姓自己发展。天地之间，难道不是像风箱一样吗？空虚却不会穷尽，动起来又生生不息。政令烦苛反而加速败亡，不如守静持中。

[智慧]

"刍狗"，草扎的狗。橐龠，风箱。

用草扎狗，在古时候有祭祀的用途，但是祭祀之后，这种草狗就会被扔掉。天地对万物，圣人对百姓，都是这样，任由其自生自灭，不加以干涉。这种看起来很"无情"的方式，真的无情吗？很多事情，是不是恰恰因为人为干涉过多，人为关爱过多，适得其反呢？老子的思想只看字面意思，有时候会觉得味同嚼蜡，没啥滋味，可是正反两面琢磨一下，会觉得意味深远且无穷。

很多的事情，不是什么都不做导致的失败，而是折腾得太多导致的失败，就是俗话所说的"瞎折腾"。一个人，一个家庭，一个企业，甚至一个国家，有时候不是真的被对手击垮的，而是自己折腾而出了问题，被别人乘虚而入的。

第六章

[原文]

谷神不死，是谓玄牝。玄牝之门，是谓天地根。绵绵若存，用之不勤。

[释义]

虚空的变化永不停歇，这就是玄妙的母性。玄妙的母性之门，就是天地之根源。连绵不绝，似乎会永远存在，作用无穷无尽。

[智慧]

谷，是指虚空；神，是指虚空处于不停变化的状态。这一章以母性孕育生命的方式，来比喻道的永恒存在和不停变化的状态。

天地运行，永恒变化，但是可以遵循，比如一年四季肯定会存在且依序出现，但是每一年的谷雨时节是否下雨、何时下雨，可能存在差异。我们要遵循天地运行的大规律，适应天地运行的小变化。

宇宙万有的初始状态是无，终极状态也是无，这让天地运行始终处于虚空的状态，万物在虚空中出现却不会永存，只有虚空是无穷无尽地存续且变化无常的。我们人类能真实且容易地感知到万物的"有"，却不一定都能体悟到万物的"无"，感知"有"需要感官体验，感知"无"需要摒弃感官体验，而以内心的虚极状态去容纳更多的虚无。举个例子，比如我们的内心是一个碗，你在里面装了许多钱，那么这个碗里面的空就很少了，这时我们可以体会到钱这种有形物质的羁绊；而当我们明白了过多的钱反倒不好，抛却了一些钱出去时，这个碗就有了更多的空，才可以容纳其他东西。

因此，有和无，有形和无形，都是相对的，也是对立的。看起来触手可及的东西，恰恰是不可存续的虚幻；看起来无法企及的精神，恰恰是永恒不灭的真实。

"着相"，是说执着于事物的表面而忽视其本质。生而为人，我们都会"着相"，这大千世界中有太多让我们牵挂羁绊和追求执着的事物了，区别就是不同的人"着相"多少与时间长短。自己的那个碗"空"了多少，"空"能保持多久，这就形成了人和人之间的差异。通俗地说，"空"可以勉强称为"格局"。

第七章

[原文]

天长地久。天地所以能长且久者，以其不自生，故能长生。

是以圣人后其身而身先，外其身而身存。非以其无私邪？故能成其私。

[释义]

天长地久。天地之所以能够长久存在，是因为天地的运作不为自己，所以才能够永存。因此，圣人处世，常居于后，反而会被别人推崇；不计较自己的得失，反而会让自己的利益得以保存。这难道不是因为其无私吗？无私才能成就自己。

[智慧]

读《道德经》，一定不能只看字面，逐字逐句抠字眼儿就索然无味了。老子写了这五千字，中国人琢磨了两千五百多年，还没琢磨透，为什么呢？就是因为每句话都似是而非，话里有话，越看越能品出新的意思。因此，读《道德经》，要从我们内心深处引申对天地宇宙万事万物的感知，无所不包、无所不容，看起来什么都没有，却大到无穷无尽的宇宙，小到电视、冰箱、自行车等都包罗其中。

天地永存，这一点我们想必是认可的。因为我们看不到天地的起源，也看不到天地的尽头，所以天地至少对于我们人类来说是永存的。

　　老子在这前不知起点、后不见终点的天地的身上，看到了"不自生"，就是"不争"，什么都不争，反而得到永生。

　　真正得道的人，如何成就自己呢？就是"不成就"。凡事不争先，诸事不夺利，最终却会成就自己。老子在后面还会讲到更直白且经典的一句话："夫唯不争，天下莫能与之争。"你不要的，反而会给你；你穷追猛打不死不休的，会差之毫厘、失之交臂。人生有时候就是这样。

第八章

[原文]

上善若水。水善利万物而不争，处众人之所恶，故几于道。

居善地，心善渊，与善仁，言善信，政善治，事善能，动善时。

夫唯不争，故无尤。

[释义]

善像水一样。水善于滋养万物，却从来不与万物相争，水总是处在众人厌恶之所，这样才更接近于"道"。居住善于选择地方，心灵善于保持广博且平和，待人善于亲近友好，说话善于诚实守信，为政善于治理，做事善于做好，行动善于把握时机。正是因为不争，所以没什么值得忧虑的。

[智慧]

水为什么是最高级的善，因为它不争，因为它随遇而安，因为它在任何状态、任何地方都能始终如一地保持平和。我很喜欢这样一句话："水惟能下方成海，山不矜高自及天。"水最大的美德就是甘居下流，所以才能积小流以成江海。

我们有时候充满忧愁，就是因为"放不下"，特别是在还有退路的时候放不下面子。例如，事业上一时的挫折，可以击垮大多数的所谓职场精英，虽然大部分精英知道只要坚持一定能够挺过去，但是能够坚持挺过去的，仍然是凤毛麟角。就这几个凤毛麟角，还常被拍成电视剧、电影或者短视频等，让平凡且普通的人以为，精英都是这样有极强的抗打击能力和反败为胜的韧劲。其实，大多数精英努力的方向不是生存而是发展，他们努力的前提不是温饱而是成就，因为他们还可以选，所以不用玩命。真正不得不玩命抗打击的人，恰恰是那些普通人，面对生存和温饱，扛下任何压力。

真正能保持随遇而安，真正能不争的人，才会无忧无虑。

第九章

[原文]

持而盈之，不如其已。

揣而锐之，不可长保。

金玉满堂，莫之能守。

富贵而骄，自遗其咎。

功成身退，天之道也。

[释义]

拥有的已经足够溢出的了，就不如适时停止。显露锋芒，锐势难保长久。即便有再多的财富，也不能一直守得住。有了财富和地位却骄傲自满，就会招致祸患。事情成功了就退位让贤，这是符合天道的行为。

[智慧]

这几句话，举例来说更容易说明白。"持而盈之"，一只水杯，水已经装满了，甚至溢出来了，那么这时最好的方式肯定不是继续装水，而是停下来。"已"，就是停止。任何东西，包括财富、名誉，一旦到了满溢的程度，最好的处理方式是停下来而不是继续攫取。"揣而锐之"，捶击使它尖锐，含有显露锋芒的意思，难保长久。无论多大的房子，无论多少的财富，最终还是消失。

人生在世，一定要有进取心，不能几十年浑浑噩噩混吃等死，那绝对不是老子讲的道理。老子告诫世人：进取要有限度，到了一定的程度就要懂得停下来，过度的欲望一定会"自遗其咎"，这就是水满则溢的道理。

一般人懂得如何"取得"，"圣人"明白怎样"放下"。越王勾践卧薪尝胆的故事家喻户晓，可等勾践复仇成功、灭吴称霸，范蠡选择了离开，放弃一切功名利禄，隐姓埋名来到了齐国，和儿子一起在海滨"治产"，就是经营产业，很快就积攒了很多财富。齐国人觉得这个人贤能，就推举他做了大官。范蠡说："居家则致千金，居官则至卿相，此布衣之极也。久受尊名，不详。"就是说，经营产业很快就富有了，做官很快就身居要职了，这是做人的极限。这样长久地享受尊位，不是好事。于是范蠡又选择离开，来到了"陶"这个地方，在这里他又一次很容易就积累了很多财富，于是专心做起富家翁，直到富可敌国，成了后世商人供奉的始祖，史称"陶朱公"。范蠡的一生，一直在诠释老子说的这四个字："功成身退"，终以富甲天下且智慧卓然而为万世景仰，可谓善始善终。

第十章

[原文]

载营魄抱一，能无离乎？

抟气致柔，能如婴儿乎？

涤除玄览，能无疵乎？

爱民治国，能无知乎？

天门开阖，能为雌乎？

明白四达，能无为乎？

生之畜之，生而不有，为而不恃，长而不宰，是谓玄德。

[释义]

精神和形体合而为一，能不分离吗？凝神致气达到柔顺的状态，能像婴儿一样吗？洗掉杂念如实观照，能没有瑕疵吗？爱护百姓、治理国家，能自然无为吗？用自己的感官去感知世界，能保持安静吗？通晓四方的事务，能顺势而为吗？生长万物、养育万物，生长却不据为己有，抚育却不恃功自居，导引而不去主宰，这就是最高深的德行。

[智慧]

"载"，语气助词。

"天门"，指人的感官。

"为雌"，就是守静的意思。有些版本写作"无雌"，不可解，是错误的。

老子一直在主张一种状态：婴儿状态，或者说是母体中的胎儿状态。他认为，那是生命最本真的形态，所有的欲望都限制在生存且不伤害自己和别人的状态中，是最美好且无害的生命形态。

庄子讲过一个故事：南海的大帝叫倏，北海的大帝叫忽，中央的大帝叫混沌。倏和忽经常到混沌这里来聚会，混沌热情地款待他们，倏和忽就想着报答混沌。他们发现，人皆有七窍，可是混沌是一个没有任何窍的浑圆生命体，于是他们就给混沌开窍，每天开一窍，七天之后，七窍全开，但是混沌也死了。

"涤除玄览，能无疵乎？"把杂念去除掉，能够看到事物的本真吗？可以如实观照自己的内心吗？如实观照，就是真实而坦诚地面对自己。很多时候只有自己能把自己扒得干干净净，但是人最不愿意面对的往往是自己，人最喜欢欺骗的也是自己。这种悖论让大多数人终其一生不知道自己究竟是个什么样的人。自己看自己就像是一个充满污泥的大管道，你越是不敢扒开那些污泥，这个管道越是不会通畅，而且可能会堵一生。真正勇敢的人是能够扒开自己心中管道的淤泥，让自己窥探到自己的内心世界，这个过程一定是痛苦的，但是通了以后就不痛了。我们观察世界很容易，洞悉别人也不难，但是了解自己太难了。

这段话很吸引人的一个词语是"玄德"，为什么呢？因为《三国演义》深入人心，刘备（刘玄德）家喻户晓。这里的"玄德"与刘备无关，就是指"最高深的德行"。"生之畜之，生而不有，为而不恃，长而不宰，是谓玄德"，这在第五十一章也出现，可能是错简，但是放在这一章，毫无违和感。

第十一章

[原文]

三十辐共一毂，当其无，有车之用。

埏埴以为器，当其无，有器之用。

凿户牖以为室，当其无，有室之用。

故有之以为利，无之以为用。

[释义]

三十根辐条汇集在一起，构成了一个轮毂，有了轮毂中的空隙，才能让轮毂转起来发挥车的作用。糅合陶土做成的器皿，有了中间的空隙，才能发挥出器皿盛装物品的作用。在墙上凿开门窗做成了房屋，正是因为有了房屋中的空隙，才能发挥出房屋的作用。所以"有"之所以能为人所用，是因为"无"发挥了作用。

[智慧]

辐条之间存在空隙，轮毂旋转而带动了车子；水杯内部存在空隙，可以装水喝；房屋内有空间，可以居住。因此，我们能利用有形的物质，是因为无形的存在为其创造了可以利用的前提条件。这就是有无相生的关系。存在的有形物质就是"有"，存在但看不到的无形的空间就是"无"，有和无相辅相成。我们习惯性看到了有形物质的存在，而忽视了无形空间的作用，那么我们看待问题和解决问题的思路就会是片面的。

我们在描述古代英明君主的时候，习惯说秦皇汉武、唐宗宋祖。汉武帝确实开创了汉代最辉煌的时代。但是，如果没有汉初和亲，没有文景之治，没有托孤大臣霍光，没有昭帝、宣帝勤勤勉勉，没有这些身前身后的帝王、能臣，汉家天下恐怕早就易主了。我们看到辉煌的汉武帝时代，就好比轮毂上的精美辐条，而看起来平静似水的文景之治、昭宣之治就好比轮毂辐条之间的空隙，它们支撑了辐条，进而支撑了轮毂，不应该被忽视。

第（十）（二）（章）

[原文]

五色令人目盲，五音令人耳聋，五味令人口爽，驰骋畋猎令人心发狂，难得之货令人行妨。

是以圣人为腹不为目，故去彼取此。

[释义]

绚烂的颜色让人目眩神迷，动听的音乐让人沉湎不觉，美味的食物让人食欲大开，驰骋打猎让人心性狂野，稀有的物品让人行为失当。因此圣人只求安饱，不求纵情于声色之娱，他们只选择保持生存的物品而放弃让自己欲望无法控制的奢靡享受。

[智慧]

"畋"：打猎。

这一章说的目盲、耳聋、口爽、心发狂、行妨，不是说不能看美丽的事物、不能听美妙的音乐、不能吃美味的食品、不能户外活动、不能得到贵重难得的物品，而是不能为了获取这些让自己的欲望过于膨胀从而做出违背基本原则界限的事情。老子劝诫人们：要警惕为了获取超出正常范畴的富足和美好，为了满足超出平常的欲望，人们的心灵和行为都会因此而扭曲。老子反对的是一切让人性扭曲的过度欲望。

　　什么是最和谐也是最美好的财富状态呢？够用。饿肚子不是我们推崇的。安贫乐道是一种境界，但不应该是一种追求。过于富有也不应该是我们所追求的。为了获取根本用不到的财富，很多人付出了家庭、健康和人性，那么这些毫无价值的数字就显得刺眼而可笑了。因此，财富最好的状态，就是不多不少，够用就好。

　　面对着各种欲望，得道的人会清醒地认识到：自己需要什么、不需要什么，能从纷繁复杂的事务中厘清自己的需要，分清需要与欲望的边界，放弃那些容易让自己心性失去控制的欲望，选择在安全边界范围内生存。

　　得到需要的是能力，放弃需要的是智慧。

第十三章

[原文]

宠辱若惊，贵大患若身。

何谓宠辱若惊？宠为上，辱为下，得之若惊，失之若惊，是谓宠辱若惊。

何谓贵大患若身？吾所以有大患者，为吾有身；及吾无身，吾有何患。

故贵以身为天下，若可寄天下；爱以身为天下，若可托天下。

[释义]

受宠和受辱都会感到惊慌失措，重视自己的身体就像重视大的祸患一般。什么是受宠和受辱都感到惊慌失措呢？受宠让人感到下等，受辱让人感到被轻视，得到了感到诚惶诚恐，失去了感到惊慌失措，这就是受宠和受辱都会感到惊慌失措。什么是重视自己的身体就像重视大的祸患一般？我之所以有大的祸患，是因为我还有身体的存在，如果没有这个身体了，还有什么祸患呢？因此，能够像珍惜自己身体一样珍惜天下，就可以把天下交付给他；能够像爱惜自己身体一样爱惜天下，就可以把天下托付给他。

[智慧]

"贵大患若身"是倒装句，即"贵身若大患"。

"宠为上，辱为下"，有的版本写作"宠为下"，表示受宠仍是下等的，是很低贱的事情。两个版本都可以。

"身"，不仅仅是指身体，也泛指一切能够牵绊我们的人和事。

人有所羁绊，则有所顾虑；有所顾虑，则有所牵挂。人的私欲往往由于人的牵挂，无论你在意一个人还是一件物品，还是一个感觉，都会因此而在某些事情上瞻前顾后、顾虑重重，这不但可以让自己步履蹒跚，也会成为别人攻击你的一个软肋。不过呢，人都有弱点，重点是：其一，弱点不可轻易示人；其二，找到克服自己弱点的办法，同样不可轻易示人。

但是大部分时间，人之所以被别人要挟，更多的是因为自己放纵自己，不是弱点，而是贪欲。因为人的贪婪和自私，给了自己很多持续贪婪的借口，也给了别人要挟的契机，所以很多人是自己先打败自己而后被别人击败的。

自己的弱点被别人抓住，能否摆脱这种要挟？

楚汉相争，项羽抓住了刘太公，要刘邦投降。按理说，老爹被抓了，自己的弱点被对手掌控，剩下的就是能不能讨价还价少亏一点；可是呢，刘邦看穿了项羽贪图虚名的弱点，于是告诉项羽，自己和他同属楚怀王名下，约为兄弟，所以他刘邦的爹也就是项羽的爹，你项羽要是想杀自己老爹做成肉汤，麻烦你老兄也分我一杯羹。流氓吗？流氓。无耻吗？无耻。管用吗？管用。项羽乖乖地把自己的"干爹"带了回去，后来在楚汉罢兵的时候，为了示好，把刘邦的家人都还了回去。

朱棣起兵进攻济南的时候，铁铉坚守城池，面对朱棣的大炮，在城门上高悬明太祖朱元璋的牌位。你朱棣要是敢冒天下之大不韪，你就炮轰你爹的牌位！结果呢，朱棣在济南城门下跳着脚骂街，但就是不敢下令开炮。

无论是项羽还是朱棣，之所以不敢杀人或开炮，是因为他们心中有所恋、有所畏。所恋者何？名节脸面是也。所畏者何？道德礼法是也。

假若刘邦抓了项羽的爹，我们猜他会不会放了？假若朱元璋兵临济南城下，面对他老爹的牌位，我们猜他会不会开炮？一切皆有可能。

第十四章

[原文]

视之不见名曰夷，听之不闻名曰希，搏之不得名曰微。此三者不可致诘，故混而为一。其上不曒，其下不昧。绳绳兮不可名，复归于无物。是谓无状之状，无物之象。是谓惚恍。迎之不见其首，随之不见其后。

执古之道，以御今之有，能知古始，是谓道纪。

[释义]

视而不见叫"夷"，听而不闻叫"希"，触而不着叫"微"。这三者不可区别，浑然一体。它的上面并不特别光明，它下面也不特别昏暗。无边无际不可名状，最后还是还原为虚空的状态。这就是所说的没有形状的形状、没有载体的形象，称之为"惚恍"。迎面去看找不到它的头，跟在后面看不见它的尾部。把握从古代传下来的道，用来驾驭当下的具体事务，能够了解宇宙的初始，这就是道的规律。

[智慧]

"纪"指规律、纲领。"道纪"指"道"的规律。

道的存在，不一定要有具体的载体，不一定是依托有形物质才能存在的。因为在古代，没有天地宇宙，也就没有万物的存在，虚空之中充满了"无"，从这个"无"之中生出了道，从而引申出天地万物生存的规律。我们要体会到道的虚无和永恒，而不要拘泥于道存在的形态。

　　道是无处不在的，也并不会根据人类的好恶来选择其存在的状态和形式。庄子说"道在屎溺"，在屎尿中也有道。正常的人没有不厌恶屎尿的，但是道不厌恶，为什么？是因为道本身不会区分香臭。香臭这种概念只对拘泥于有形物质世界的人有价值，对于无所不包容且对待万事万物为刍狗一般的道来说没有区别。区别不同的人和不同的事物，从而产生不同的情绪，这个能力只有人才有，因此就会羁绊人。

　　修行，就是不断去除羁绊，离胎儿或者婴儿的心理状态更近一些，离道更近一些。

第十五章

古之善为道者，微妙玄通，深不可识。夫唯不可识，故强为之容。

豫兮，若冬涉川；犹兮，若畏四邻；俨兮，其若客；涣兮，其若凌释；敦兮，其若朴；旷兮，其若谷；混兮，其若浊。

孰能浊以静之徐清？孰能安以动之徐生？保此道者，不欲盈。夫唯不盈，故能蔽而新成。

[释义]

古代善于行道的人，精微玄妙，深邃而不可测。因为不能轻易被人所了解，所以勉强来形容他。迟疑踌躇，就像在冬天蹚着水过河；犹豫狐疑，就像在戒备周围的邻居；恭敬庄重，就像前来做客一样；融化消解，就像冰雪消融一样；醇厚自然，就像未经加工的原木一样；空旷宽广，就像幽远的山谷一样；浑厚宽容，就像混杂了很多物质的浊水一样。谁能够让浊水静止，慢慢地澄清？谁能在安静之中启动，慢慢地显露出生机？有这种大道的人，从来不自满。正是因为不自满，所以能够革旧布新。

[智慧]

这一章在描述得道之人的状态。中间排比，描述能够体悟到天地之道的人，内心深邃，外表随和，因为外在的事物不能左右其情绪和思维，因此没有必要被外界事物所影响。

随和的人，往往有两个特征：其一，良好的教养或学识；其二，不在意。

"夫唯不盈，故能蔽而新成"，因为不自满，所以才能继续进步，革除陈旧，迎纳新鲜事物。在老子思想中，这种辩证思想很多：你觉得自己很好的时候，恰恰是你处于很糟糕的状态；你觉得自己越来越无知的时候，恰恰是你已经具备很充足的知识了。"谦受益，满招损"，人在任何时候都不要觉得自己已经很了不起了，唯其如此，才能不断进步，才能保持平和的心态。

更多的时候，心态比成功更重要。

第十六章

[原文]

致虚极，守静笃。

万物并作，吾以观复。

夫物芸芸，各复归其根。归根曰静，静曰复命。复命曰常，知常曰明。不知常，妄作，凶。

知常容，容乃公，公乃全，全乃天，天乃道，道乃久，没身不殆。

[释义]

达到极致的空虚无欲的状态，坚定地恪守清净无为。万物一起生长，我来观察其中循环往复的规律。万物纷纭复杂，各自回归其根本。回归根本叫静，静叫复命。复命叫常，知道常的状态叫明，不知道常的状态，轻举妄动就会处于凶险之中。知道常的状态就能够有所包容，能够包容就能够公正，公正能够周全，周全才能符合天道，符合天道就能长久，终身都不会处于危险之中。

[智慧]

让自己的心处于虚空状态，让自己的大脑彻底放空，让自己处于思想空白，在空空如也的状态之中，体会"道"的存在。庄子讲"心斋坐忘"，即在自己的内心中参禅悟道。能放空多少就放空多少，完全的虚空状态一般人很难做到，不要强求。

人处于一种放松且放空的状态之下，很容易感知到很多物质世界中被蒙蔽被遮盖的思想小火花。我们之所以很难和自己交流，就是因为在自我和本我之间，充斥了太多的物欲。"自我"，指皮囊包裹的"我"；"本我"，是无形的，存在于心里，始终恪守着胎儿或者婴儿的思想状态。"本我"很脆弱，无法冲破物欲而让"自我"感知到"本我"的存在，因此，在安静的状态下，在放空的状态下，让那些物欲暂时出去，才能让"自我"感知到"本我"到底是怎么认知这个世界甚至是宇宙的。

我们必须了解物质世界与精神世界的边际在哪里：什么样的名不能追，什么样的利不能逐。懂得取舍的人，可以潇洒地取舍，物质享受与心灵健康和谐共存，游刃有余。这个"边际"就是老子讲的"常"。把握住这个"常"，就不会"过犹不及"：在物质世界中，既不会过于贫穷让自己和家人挨饿，又不会过于贪婪而搞得身败名裂。做任何事情，都要明白边际在哪里，有所为有所不为。

一个人努力攀登高峰，难，但不是最难；一个人清醒地知道自己的顶峰在哪里，急流勇退，善始善终，难，难于上青天。

第十七章

太上，不知有之。其次，亲而誉之。其次，畏之。其次，侮之。
信不足焉，有不信焉。

悠兮其贵言。功成事遂，百姓皆谓我自然。

[释义]

最好的领导者，百姓感觉不到他的存在。次一级的领导者，百姓
亲近他并且赞美他。再次一级的，百姓会害怕他。再次一级的，百姓
会侮辱他。一个领导者的诚信不够，百姓是不会信任他的。最好的领
导者不会轻易发号施令。等到事情办成了，百姓会说："我们本来就是
这样啊。"

[智慧]

好的管理者，能摆正自己的位置，也能摆正别人的位置，让每个
合适的人待在合适的位置上。然后给团队制订规则、指明目标，让团
队按照既定的规则朝着明确的目标去运作，就可以了。

但是，有的领导为了证明自己的存在，经常出来指手画脚，让简
单的事情复杂化，把大家折腾得够呛，然后发现效果比没有他指挥的
时候还要差。更有甚者，有的管理者喜欢把下属当作秘书用，觉得除
了他自己其他人都不值得信任、能力都不行，大事小情时时刻刻盯着，

让大家感到窒息，他自己其实也很累，每天像是所有人的保姆，再小的事都不放过。

也有的老板觉得下属不卖力，于是亲自上阵，把总经理的活都干了，总经理就要去干副总经理的活，以此类推，各级管理者为了让上级觉得自己的工资不白拿，就开始表演忙碌，没日没夜地折腾，其实效果很差。

当我们陷入这恶性循环的怪圈中，我们就已经忘了自己努力工作到底为了什么，也忘了自己本来的位置在哪里了。

正是因为很多人的位置错乱了，大家才要更加忙碌，生怕别人忘记了自己的存在。

第十八章

[原文]

大道废，有仁义；慧智出，有大伪；六亲不和，有孝慈；国家昏乱，有忠臣。

[释义]

大道废弛，仁义才会出现；奇智巧计出现，欺诈和伪装才会产生。家庭不和睦，孝顺和慈爱才会彰显；国家昏乱，忠臣才会出现。

[智慧]

"慧智出，有大伪"，在有的版本中没有，疑为错简。

在老子的思想体系中，仁义、孝慈、忠诚这些概念都是相对而出的。没有不仁义、不孝慈、不忠诚这些现象，何以能看出谁仁义、谁孝顺、谁慈爱、谁忠诚呢？

但是，仁义、孝慈、忠诚这些品质不是对比而展现出来的，而是人本来具有的天性，自然而形成、自然而发展，程度或有不同，甚至都没有"仁义""孝慈""忠诚"这些人为概念的存在。"伪"者，"人为"也。只要是通过人工雕琢的事物，无论是物品还是人的品质，还是社会舆论导向，都是"伪"的，不天然，不本真。老子推崇的是天然而自发，并不经过与他人比较或者被人雕琢而成的仁义、孝慈、忠诚。

　　比如小孩子，在很小的时候，他看到大人生病不舒服，会用自己的小手拍拍大人，看起来是一种安慰。这其实是孩子天然的本性，他并不理解大人是否生病了，或者他的行为是否一种安慰。但是大人会很开心，并对孩子以各种表扬和赞美；孩子看到大人的表现，就慢慢理解了如何让大人开心。下一次大人生病了，孩子仍然不理解，但是他看到大人的这种状态，知道他要如何去做才会让大人开心，才能得到表扬和赞美，那么再用小手拍大人，就不一定是天然自发的行为了。

　　即便如此，我还是觉得，老子的道理可以明白，但是很难做得到。如果经过培养能够做到仁义、孝慈、忠诚等，已经很不错了。

第十九章

绝圣弃智，民利百倍；绝仁弃义，民复孝慈；绝巧弃利，盗贼无有。此三者，以为文，不足。故令有所属，见素抱朴，少私寡欲。

[释义]

抛弃聪明和智慧，人民可以得到百倍的好处；放弃仁和义，人民就能恢复孝顺和慈爱；放弃机巧和获利，盗贼就没有了。这三者都是用来装饰的，不足以治理天下。要使得人民有所归属，就要保持朴素，减少私欲。

[智慧]

在老子看来，圣智、仁义、巧利，这三者都是用来装饰国家行政管理水平的，没有实际意义，甚至会让百姓被误导去刻意追求机巧、诈伪和偷盗。这三者属于"文"，是巧饰，违背了天然的人性。老子主张重视"质"，就是事物的本原、本质，也就是天然的人性。

如何回归天然的人性呢？保持朴素，减少私欲。

小孩子为什么每天不停地动，却从不觉得累，即便是玩得再累，睡一觉马上就恢复了，就是因为小孩子没什么烦恼，没有过多的物欲追求。

一个人的目标要有限度，不可强求。很多目标耗尽心神，即便实现了，真的成功了吗？用亲情、健康甚至生命换来过多的财富和名誉，又有什么价值呢？

　　要清醒地认识自己，找到符合自己发展的目标，既要有所收获，又不要累死自己。完成目标，依然健康，这才是真正的成功。

第二十章

[原文]

绝学无忧。唯之与阿，相去几何？美之与恶，相去若何？人之所畏，不可不畏。荒兮，其未央哉。

众人熙熙，如享太牢，如春登台。我独泊兮其未兆，如婴儿之未孩。儽儽兮，若无所归。

众人皆有余，而我独若遗。我愚人之心也哉。沌沌兮。

俗人昭昭，我独昏昏；俗人察察，我独闷闷。澹兮其若海，飂兮若无止。

众人皆有以，而我独顽且鄙。

我独异于人，而贵食母。

[释义]

放弃学识也就没有了忧愁。应诺与呵斥，相距有多远？美好与丑恶，差距有多大？众人所畏惧的，我也不能不畏惧。这种风气似乎是从久远的古代传来的，好像根本就没有尽头。众人都很高兴，好像享受祭祀才能用的美味佳肴，好像春天登上高台眺望美景。我却独自一人清静淡泊，对这种热闹的场面无动于衷，就好像不谙世事的婴孩。我落落不群，好像无处可归。众人都好像很富余，而我好像还有很多的不足。我真是一个愚钝的人啊，混混沌沌的。世人都好像光彩耀眼，而我暗昧无光。世人都好像精明机巧，而我淳朴憨厚。沉静的样子，就像深沉的大海；但是飘逸起来，又好像没有止境。众人都有所施展，只有我显得愚钝而木讷。我和世人不同，是因为我得到了"道"。

[智慧]

"绝学无忧"，放弃过多的学识。"尽信书不如无书"，读书是为了明理，明理是为了更好地活在这个世界上；如果把书读死了，不知取舍，那就是不明事理的书呆子，不可取。

"太牢"，古时候以牛、羊、豕做祭祀，是最高规格的祭祀礼仪。稍逊一筹的称为"少牢"，只用羊和豕做祭品。

"贵食母"，此处的"母"指的是"道"，万物之所由来，如同人人皆从母体而来。食，可以理解为"以道食人"，就是用"道"去化解人心的俗念；也可以理解为"理解、享有"，就是能够理解道的真谛。对于"食母"，王弼的解释是"食母，生之本也"。

王弼，魏晋时期伟大的思想家。说他伟大，是因为两千多年注解老子的学者不计其数，公认注老子第一人的就是王弼，他也开了魏晋玄学之先河，更为不可思议的是，王弼享年只有二十四岁，岂非天授之才？

第㉑章

[原文]

孔德之容，惟道是从。

道之为物，惟恍惟惚。惚兮恍兮，其中有象；恍兮惚兮，其中有物。窈兮冥兮，其中有精；其精甚真，其中有信。

自古及今，其名不去，以阅众甫。吾何以知众甫之状哉？以此。

[释义]

大德的样子，是跟随着道的转移而变化。道的存在，是恍恍惚惚的。在恍恍惚惚之中，能看到一些迹象；在恍恍惚惚中，能看到实物的存在。在深远且暗昧之中，可以找到"道"的精神；这种"道"的精神非常真实，可以得到验证。从古到今，它的名字无法消除，依据它的名字才能认识万物的初始状态。我是怎么知道万物初始的状态的呢？就是从"道"来认知的。

[智慧]

恍恍惚惚，惚惚恍恍，很容易就晕了。其实最关键的是第一句和最后一句：最大的德的体现，就是"道"。"道"是本，"德"是表；万物初始来源于"道"，掌握了"道"，就能了解万物本原。

可是把握住什么是"道"，谈何容易，虚幻且恍惚之中，一般人是很难找到道的精神实质的。我们可以这样理解：天地运行规律就是

"道"，符合天地运行规律的行为就是"德"。一年四季是"道"，人按照一年四季春生、夏长、秋收、冬藏就是"德"。只要我们的生活符合天地运行规律，就是得"道"了。

第二十二章

[原文]

曲则全，枉则直，洼则盈，敝则新，少则得，多则惑。

是以圣人抱一，为天下式。不自见故明，不自是故彰，不自伐故有功，不自矜故长。

夫唯不争，故天下莫能与之争。古之所谓曲则全者，岂虚言哉？诚全而归之。

[释义]

委曲才能保全，弯折才能伸展，低洼才能装满，破旧才能更新，少取才能多得，贪多反而迷惑。因此，圣人坚守大道才能成为天下的典范。不自我炫耀，才能光彩照人；不自以为是，才能彰显才华；不自我标榜，才能功勋卓著；不骄傲自满，才能长久存在。正是因为圣人不与人争，所以天下都没有人能够竞争得过他。古人所说的委曲才能保全，怎么会是空话呢？确实可以得到保全。

[智慧]

争是不争，不争是争，夫唯不争，天下莫能与之争。很多事情看起来很奇怪，其实辩证地看很正常。有时候，一个人越是努力想要得到的，甚至不择手段费尽心机想要争取的，越是得不到；那些看起来不争不抢的人，最后什么都能得到。这究竟是为什么呢？就好像一个盘子，装一些水果，可以，再加一些坚果，也可以，再放一些谷物，还差不多，可是再把鸡鸭鹅牛马羊肉都塞进去，怎么样呢？一地狼藉，原来的水果坚果谷物也都吃不到了。《易经·坤卦》讲"地势坤，君子以厚德载物"，每个人的品性德行就是那个盘子，大小不一，你能装多少取决于你自己的容量，而不是能抢到多少物品，抢来的物品超过了自己的容量，一定坏事。这就是强行"争"带来的恶果。因此，"不争"就是能够清醒认知自己能力和德行边际的人，有"自知之明"。

暂时的委曲、弯折、低洼、破旧、少取都不是损失，更不是屈辱，而是最终天下莫能与之争的一个过程而已。明白了这个道理，争与不争就显得不那么重要了，何时争，何时不争，才更重要。

第二十三章

希言自然。

故飘风不终朝，骤雨不终日。孰为此者？天地。天地尚不能久，而况于人乎？故从事于道者，同于道；德者，同于德；失者，同于失。

同于道者，道亦乐得之；同于德者，德亦乐得之；同于失者，失亦乐得之。

信不足焉，有不信焉。

[释义]

少发号施令才符合自然之道。狂风不会刮一个早晨，暴雨不会下一整天。谁能驱使风雨呢？是天地。天地驱使的风和雨都不能持久，何况是人呢？因此依照道来行事的人，他的行为就合于道的准则；依照德来行事的人，他的行为就合于德的准则；依照失道失德来行事的人，他的行为就合于失道失德的准则。行为与道相合的人，道也愿意陪伴他；行为与德相合的人，德也愿意陪伴他；行为与失道失德相合的人，失道失德也愿意陪伴他。诚信不足以服众，百姓自然不信服。

[智慧]

狂风暴雨一般的政令，看起来短期有效，但是无法持久。养民生息的策略才能长久。这是在告诫上位者要学会减少对社会运转的干涉。

老子所处的时代，是中国乃至人类历史上罕有的大动荡、大变革时期，也是波澜壮阔的文化大迸发时代。老子主张无为而治，希望减少统治者对民间生产生活的过度榨取和干预，让百姓可以在相对和平的环境中生活。

第二十四章

[原文]

企者不立，跨者不行，自见者不明，自是者不彰，自伐者无功，自矜者不长。

其在道也，曰余食赘行。物或恶之，故有道者不处。

[释义]

踮着脚尖的人站不稳，跨着步子前进的人走不远，自我标榜的人缺乏自知之明，自以为是的人得不到彰显的机会，自我夸耀的人没有功劳，骄傲自满的人无法成长。从道的角度看，这种人好比多吃死撑而长出赘肉一般。这样的行为招人讨厌，有道的人不会这样做。

[智慧]

这一章的核心内容就是"余食赘行"。"行"通"形"，表示多余的形体，理解为赘肉。

那些自我标榜、自我夸耀的人，在老子看来就像多吃硬撑而生出赘肉一样让人厌恶。所有的刻意而为的都是作伪，都不值得认可和推崇。老子告诫人们遵守自然的法则和规律，在自己力所能及的范围内做事情，不要为了虚荣、炫耀和无谓的比较而让自己去做那些力所不能及的事情。这就好比东施效颦，强行模仿，不但得不到赞誉，反而会招致厌恶。

有一小撮人，超出自己的能力，伪装虚假的富豪生活，交友而牟利或者谋色。假富豪岂可长久掩人耳目呢，最终只能落得身败名裂，贻笑大方，招致所有人的厌恶与鄙夷。

人，自轻而后人轻之，自重而后人重之。

第二十五章

[原文]

有物混成，先天地生。寂兮寥兮，独立而不改，周行而不殆，可以为天下母。吾不知其名，强字之曰道，强为之名曰大。大曰逝，逝曰远，远曰反。

故道大，天大，地大，人亦大。域中有四大，而人居其一焉。

人法地，地法天，天法道，道法自然。

[释义]

有一物，浑然天成，在天地生成之前就存在。听不见它的声音，也看不见它的样子，它独立存在而不会更改，循环运行而不会停止，可以作为天地万物的本源。我不知道它的名字，勉强叫它"道"，勉强给它起个名字叫"大"。大就是周而复始永不停息，周而复始永不停息就是伸展到无边无际的地方，伸展到无边无际的地方再返回其本原。因此，道大，天大，地大，人也大。宇宙空间有四大，人是其中之一。人取法于地，地取法于天，天取法于道，道取法于自然。

[智慧]

这一章提出了一个重要的思想，那就是人与道、天、地，并列为宇宙之中的"四大"，并且提出了这"四大"之间的关系，那就是天包含地，所以地取法于天；道包含天，所以天取法于道；而道来自自然，又要复归于自然，因此道必然取法于自然。

在老子的概念中，天不是最大的，道比天大，甚至天地要取法于道，而道虽然存在于天地生成之前，但道也是有来源、有出处的，那就是自然。因此，自然并不等同于天地，也不等同于宇宙，因为天地、宇宙都是有形物质世界，是无形的"道"所包含甚至引申而出的。道无边无际，缥缈而无形，似乎不存在，但又无所不在。没有办法知道有形的物质世界以外"道"的边际到底在何处，有多大、多广。可是这一章告诉我们，无边无际的道还不是一切有形物质世界与无形虚空存在的本原，道是来自自然。

在老子思想中，"自然"究竟何指呢？"自然"，是自发而形成的本真状态，不一定是比无边无际的道还宽广的更大的虚空存在，而很可能就是每个人心中的本我。如果有生于无，无生于无边无际虚空存在，那么这个虚空存在很有可能来自我们的内心最本真时的无我存在状态。所谓心外无物，物外无我。因此，可以包容万有物质世界的虚空存在，来自人心。

第二十六章

重为轻根，静为躁君。

是以圣人终日行不离辎重。虽有荣观，燕处超然，奈何万乘之主，而以身轻天下？

轻则失本，躁则失君。

[释义]

厚重是轻率的根本，沉静是躁动的主宰。因此圣人整天行走离不开载重的车辆。虽然有华丽的生活，却泰然处之。为什么身为大国的君主，还要轻率而躁动地去治理天下呢？轻率就失去了根本，躁动就失去了主宰。

[智慧]

老子认为，治理国家是非常慎重的事情，君主每一次突发奇想，或者胡乱折腾，都会给当地百姓带来麻烦甚至是灾祸。所有的治国政策都要慎之又慎，充分考虑可行性与负面影响，不要轻易拿百姓当试验品。轻易下达命令，把百姓折腾起来，发现不对又轻易更改或者废止之前的政策，让百姓徒劳无功，无所适从。虽然统治者的出发点可能是好的，但是折腾的结果不好。

以北宋改革为例：北宋经过初期的积累和沉淀，有文化沉淀，也有"余食赘行"，王安石初衷就是要去除这些赘肉，让宋朝重新活力四射。他变法的政策大多是好的，可是一方面太过冒进，百姓难以很快适应，另一方面又任用奸邪，名为变法实为盘剥，给那些地方上的贪官污吏提供了一次又一次发横财的机会，以致百姓怨声载道。这种变法强制推行了不久，司马光回朝主政，一夜之间废除殆尽，刚刚好不容易适应了新法的百姓，莫名其妙回到从前。后来更是厉害：章惇、蔡卞等以变法为名打击元祐党人，法令再改；蔡京独相，新法成了乱法，党争成为主流。因此，新旧法令无论好坏，百姓一律不敢相信，朝廷终于因为反复折腾、政令混乱而失去民心。

第二十七章

善行无辙迹，善言无瑕谪，善数不用筹策，善闭无关楗而不可开，善结无绳约而不可解。

是以圣人常善救人，故无弃人；常善救物，故无弃物，是谓袭明。

故善人者，不善人之师；不善人者，善人之资。不贵其师，不爱其资，虽智大迷，是谓要妙。

[释义]

善于行走的，不留痕迹；善于言谈的，没有说错话而引发过失；善于计算筹划的，不需要用蓍草；善于关闭的，不需要用栓销而别人也打不开；善于捆缚的，没有绳索而别人也解不开。所以圣人总是善于人尽其才，因此没有被放弃的人；总是善于物尽其用，所以没有被放弃的物。这叫作因顺常道。所以善人可以做不善之人的老师，不善之人可以做善人的借鉴。不珍惜他的老师，不爱护他可以借鉴之物，自以为聪明却是很糊涂。这就是精要深奥的道理。

[智慧]

"袭明"，就是顺应恒常之道。

这一章主要讲述因循大道来做事，顺乎自然之道来治理天下。人为的痕迹太重，反而做不好事情，也不可能治理好国家。居上位者要

· 054 ·

懂得顺势而为，才能让百姓心甘情愿地被管理，一切好像都是自然而然地发生，百姓自己也是自然而然地形成了有效的秩序。统治者发力于无形，顺乎百姓之心性而达到自己统治的目的，这才是最高的智慧。

在"袭明"这个观点之下，天下没有无用之人，也没有无用之物，只是没有得到有效甄别与利用而已。所以圣人，也就是得道之人，懂得如何顺应每一种人的心性来治理他们，让他们感受不到被别人约束或者改变，而是按照他自然本性自发地做到了被统治者认可的状态。

所以有智慧的统治者，知道如何在百姓之中塑造一种他想要百姓做到的那种状态，也就是以身作则。对于不同的群体，不同的区域，不同的职业，等等，统治者都可以展现出一种表率的作用，让那些处于下位者知道如何做才是被群体认可的样子。这需要非常智慧的统治者和精诚团结且睿智的团队。

古代历史上可以用这种发力于无形之处，就可以让天下进入盛世的，首推宋仁宗和他的大臣，其次就是唐太宗和他的大臣。这两位帝王最大的相似之处，就是不折腾。而唐太宗居于宋仁宗之后，是因为唐太宗最终没忍住，还是有点儿"折腾"，亲征高句丽，妄动武力。宋仁宗、唐太宗，之所以能开创古代历史上罕有的盛世时代，一言以蔽之，曰：不瞎折腾。

第二十八章

[原文]

知其雄，守其雌，为天下溪。为天下溪，常德不离，复归于婴儿。

知其白，守其黑，为天下式。为天下式，常德不忒，复归于无极。

知其荣，守其辱，为天下谷。为天下谷，常德乃足，复归于朴。

朴散则为器，圣人用之，则为官长。故大制不割。

[释义]

知道何为雄壮，却甘心安守柔顺，这就是纵行于天下的路径。遵循这条路径行事，恒常的德行就不会离开自己，又重新回归到婴儿的状态。知道什么是洁白无瑕，却甘心安守污浊暗昧，这就是可以主宰天下的模式。遵循主宰天下的模式，恒常的德行不会出现偏差，又回归到不可穷尽的极致之道。知道什么是荣耀，却甘心安守羞辱，这是包容天下的涵养。遵循包容天下的涵养，恒常的德行才能充足，又回归到本真质朴的状态。本真质朴散开成为天下万物，圣人掌握了，就成了统领百官的君主。因此完整而和谐的政治制度对百姓是无害的。

[智慧]

知雄守雌，知白守黑，知荣守辱，这是懂得道、安守道且能让符合道的德行始终不离己身的圣人才能做到的。这样的圣人行事，才能被天下人所认可。

举一个简单的例子：在普遍贫穷的时代，人们以能吃到肉为幸福；而到了普遍富足的时代，人们以吃得健康为幸福。知道了肉的味道比菜叶鲜美，但理解吃菜叶比吃肉健康，选择多吃菜而少吃肉，符合人体营养健康的真正需求，这就可以理解为"知雄守雌"。

能做到"知雄守雌"，才是真正回到本真和质朴的状态。就好像婴儿一样，在满足了生存的需求以外，对于锦上添花的物质欲望一概无求。本真和质朴让人清醒地认知这个世界，认知自己。

人，终其一生能够认清楚自己，幸甚。

第二十九章

将欲取天下而为之，吾见其不得已。天下神器，不可为也，不可执也。为者败之，执者失之。

故，物或行或随，或歔或吹，或强或羸，或培或堕。

是以圣人去甚，去奢，去泰。

[释义]

想要得到天下却采取强力的方式，我觉得这样是得不到天下。天下的统治权，不是强行而为之可以得到的。强行为之一定会失败，一定会失去天下的。天下的事情，有前有后，有缓有急，有强有弱，有成就的有坏掉的。因此圣人要去除极端的、奢侈的、过度的行为。

[智慧]

老子主张"无为"，不刻意作为。"有为"就是刻意作为，不顺其自然，强行作为的行为。老子认为，凡事只要强求，那么大多会适得其反，因为每个人、每个事物都有其独特的品质。居于上位者只能在最低限度上设置行为规范，让百姓不触及社会平稳治理的底线，维护最基本的公序良俗即可。超出这个范畴的治理，就会产生副作用或者反作用。

上位者让民众在惯常最低行为准则之上行事即可，超过这个最低准则，必然以强权力为推动力；可是世间万物有别、人性各异，怎么可能以某一类人的高标准去衡量全体民众的价值准则呢？

顺应自然，因势利导，不强求，不拔高，这才是真正实现和谐治理天下的方法。

第三十章

以道佐人主者，不以兵强天下。其事好还。师之所处，荆棘生焉。大军之后，必有凶年。

善有果而已，不敢以取强。果而勿矜，果而勿伐，果而勿骄，果而不得已，果而勿强。

物壮则老，是谓不道，不道早已。

[释义]

以道来辅佐君主的人，不依靠武力逞强于天下。随意用兵一定会得到回报的。军队所到之处，荆棘就长满了。大战过后，一定会出现荒年。善于用兵的人只要达到救济危难的目的就可以了，不敢以武力来逞强。救济危难但是却不居功，救济危难但是却不炫耀，救济危难但是不骄傲，救济危难是出于不得已，所以达到目的了就不要逞强。任何事物一旦达到了强盛就会衰败，所以过于强盛是不符合自然之道的，不符合自然之道的事物很快就会消失。

[智慧]

"强"，在这一章是逞强之意，不是强大。因为老子认为真正强大的诸侯，是不会以武力炫耀逞强的，而是以威慑为主，达到目的就迅速终止军事行动了。那些每天拿着刀枪棍棒到处瞎晃悠的，肯定不是强者。

"果"，王弼解释为"救济危难"，这应该是各种解释中最准确的了。老子主张以符合自然之道，不刻意作为的统治方式治理百姓，而刻意作为的行为中，没有比战争带来更多灾害的事情了，所以老子反对战争。在老子所处的春秋时代，所谓"春秋无义战"，土地兼并、抢夺人口、争夺王位、抢夺粮食等物资，甚至是抢夺女人等等，战争发动的原因五花八门，但无一是为百姓谋利，都是为了实现各诸侯国君主或者权贵的私欲而引发的。老子主张，为了维护和平，可以拥有军事力量，但是以震慑为主，以不得已发动有限度的战争为补充，不要以军事力量来实现个别人穷奢极欲的诉求。那么这个不得已发动有限战争的原因是什么呢？就是救济危难。以正义的目的发动的战争，在合理限度内是可以被接受、被认可的。

任何国家的军事力量都是一个由弱到强、逐步提升的过程，但是老子警告"物壮则老"，可以理解为盛极而衰。军事力量达到了顶点，如果统治者不知道控制自己的欲望，不知道收敛，还是要一味地炫耀武力，逞强于天下，那就是不符合天地运行的规律，结果是"不道早已"，很快就会消逝于无形。

春秋时期的吴国，这是一个很值得研究却又经常被忽视的诸侯国。我们读历史的时候，似乎觉得吴国的历史起于吴王阖闾，终于他的儿子吴王夫差，其实不然。

古公亶父有三个儿子，分别是泰伯、仲雍、季历。季历的儿子姬昌，就是以后的周文王，开启了八百年周朝的历史。泰伯和仲雍偷偷跑到现在的苏州附近，在这里披发、纹身，表示不再回归西岐。

泰伯非常贤明，当地的百姓很快就团结在他的身边，于是建立了吴这个政权。泰伯故去后，传位给弟弟仲雍，一直传到了吴王寿梦。寿梦想把王位传给四个儿子中最小的季札，但是季札坚决不愿意逾越三个哥哥，只好传给长子诸樊。季札的三位哥哥秉承父亲的遗愿，兄终弟及：诸樊传位给二弟余祭，余祭传位给三弟夷昧，可是夷昧死后，季札仍然坚辞。这样，吴国大臣们就立了夷昧的儿子僚继位。

但是，诸樊的儿子公子光不服气了，自认为更有继承资格，于是在一次宴会上让刺客专诸刺杀吴王僚，篡夺王位，是为吴王阖闾。

吴王阖闾时期，吴国有孙武、吴起这样的大才。吴王阖闾在与越国战争中，伤到了手指，然后发生了感染，不治身亡。但是临死前，阖闾把这个仇恨加到了越国的身上，说是被越国杀死的，这样就有了吴王夫差灭越的战争。

越国臣服后，吴王夫差还有伍子胥这样的将才。夫差的想法多了，他轻易地忽视暗自窥视自己且日益强大的越国，居然远征齐国，跑到中原地区学着齐桓公会盟诸侯国，以此来标榜自己的霸业已成。这个时期恰恰就是老子所说的"物壮则老"。此后越国偷袭吴国，掳走了吴国太子，吴国求和。经过了诡异的九年（因为史书上没有记载这九年发生在吴越的任何事情），越国灭吴，"不道早已"。

上面是从吴国的历史，来印证老子讲"物壮则老"的道理。做人也是一样，不要太着急让孩子赢在起跑线上，不要太着急让孩子超越同龄人。为人父母者鉴。

第三十一章

[原文]

夫兵者，不祥之器。物或恶之，故有道者不处。

君子居则贵左，用兵则贵右。兵者，不祥之器，非君子之器。不得已而用之，恬淡为上。胜而不美，而美之者，是乐杀人。夫乐杀人者，则不可以得志于天下矣。

吉事尚左，凶事尚右。偏将军居左，上将军居右，言以丧礼处之。杀人之众，以哀悲泣之，战胜，以丧礼处之。

[释义]

兵戈，是不祥之物。大家都憎恶它，所以得道的人不会使用它。君子平时以左边为贵，用兵的时候以右边为贵。兵戈，不祥之物，不是君子应该使用的东西。不得已而用兵，也要淡然处之。战争取得了胜利不要洋洋得意，洋洋得意的人，是喜欢杀人。喜欢杀人的人，是不可能获得成功的。吉庆的事情以左边为贵，凶险的事情以右边为贵。偏将军站在左边，上将军站在右边，说明战争是以丧礼的仪式来处理。战争中杀人太多，应该带着悲痛的心情去面对，即便打胜了，也要用丧礼的仪式来处理。

[智慧]

战争是不得已而为之的事情，不要以战胜为荣耀，更不要以杀人多为乐趣。无论是自己的战友战死，还是杀死了敌人，都是凶险的事情，所以战争就相当于丧礼。老子反对战争，以左贵右丧的方式来形容战争。在老子看来，战争必然带来死亡，这是非常凶险且不吉利的。

历史上能杀人的，莫过于秦国白起和西楚霸王项羽了。长平之战，白起坑杀赵国兵卒四十万人，从而开启了战国时期大规模集团军消灭战的大幕。从这一战开始，诸侯国，特别是秦国，发动的战争以消灭敌国有生力量从而兼并土地为目标，结束春秋时期以军事力量为威慑，以尊崇周天子为名，以会盟为手段，从而实现霸业的历史了。白起，秦国历史上战神一般的人物，最终被秦王赐死，他不明白自己为秦国立下不世之功，为什么因为战略规划与秦王不一致就会被赐死。临死前，白起说，自己是为了长平之战四十万赵卒抵命。

章邯，在秦国统一六国以及统一后北击匈奴、南平百越的战争中并无盛名，但是即便是这样一位将军，带着咸阳的少量秦军和大部分农民、劳工临时组建的军队，仍然可以把各地反秦的起义军打得落花流水。由此可见，秦国的军事力量何等强大，秦人的军事素养何等厚重。但是，章邯被项羽打败了，项羽选择了坑杀章邯二十万降卒。为什么呢？在那个时候，项羽忌惮的，绝对不是刘邦，而是秦军，他怕秦军死灰复燃。另外，其他将军现场观摩了项羽破秦军之后，到营帐拜见项羽的时候，都是从军营大门就开始"膝行"，等同于从大门口就开始跪爬着进帐去拜见项羽的，这就起到足够震慑的作用。当时，大规模集团作战，可能只有后来的韩信可以与项羽匹敌，而野战和攻坚战，项羽至死都天下无敌。但是他最后败给了韩信，在乌江自刎。

司马迁没有记载坑杀四十万、二十万士兵的惨烈暴行是如何实现的。这种细节太过残虐无道，太过伤天害理，太史公不忍落笔吧。

战争是凶险的。杀人是值得悲泣的。杀人过多，对被杀者和杀人者来说，都是丧礼。老子早就提出，历史也在反复印证，好战者、好杀者，都没有善终。

第三十二章

[原文]

道常无名，朴。虽小，天下莫能臣也。侯王若能守之，万物将自宾。天地相合，以降甘露，民莫之令而自均。

始制有名，名亦既有，夫亦将知止。知止可以不殆。

譬道之在天下，犹川谷之于江海。

[释义]

道永远是无名且质朴的。虽然幽微而不可见，但是天下没有人能使它臣服。侯王如果能守住它，万物将会自然服从。天地阴阳相合，就降下了甘露，人们什么都不用做而甘露自然均匀地滋润大地。万物开始存在就有了各种名称，名称既然存在了，也就知道了各种事物的限度在哪里。凡事知道限度，就可以避免危险。道存在于普天之下，无所不包容，就像江海可以涵容所有的山川河流一样。

[智慧]

朴，质朴，表示道存在并不会炫耀或者张扬，也可以理解为得道的人也是一样质朴。

宾，宾服。有道之人，自然会感化民众，大家自然会跟从、服从，无须使用强权。

人可以修道、得道，但不可能使道"臣服"。这对于自以为无所不能的人来说，真的是一个很好的警示，特别对于以科技兴起然后自以为可以以科技征服宇宙、征服一切的人来说，更是当头棒喝。万事万物可以存在、可以驾驭，那是因为万事万物尚在其可承受的限度之内，一旦突破了这个限度，打破了某些边界，那么人类的科技或曰智力什么都不是了。人能做的是尽量控制自己的欲望，清醒地认知自己的能力边际，不要妄想控制更多的资源，不要妄想统治整个世界。人妄自尊大，以地球上最高级的生灵自居，以地球甚至宇宙的主宰自居，就危险了。

我国的哲学是中庸的，是内敛的，是涵养的，是包容的，是和谐的。我们要相信自己的老祖宗给我们留下了人类历史上最好的文化资源，我们永远都享用不尽。清醒地认识到这一点，对一个中国人来说，很重要。

第三十三章

知人者智，自知者明。

胜人者有力，自胜者强。

知足者富。

强行者有志。

不失其所者久。

死而不亡者寿。

[释义]

认识别人是一种机智，认识自己是一种智慧。战胜别人是有力量，战胜自己才是真正的强者。知道满足，就是富有。坚持不懈，就是有志向。不丧失其根基，就能长久。身死而道存，才是真正的长寿。

[智慧]

自知、自胜、知足、强行、不失其所，这是一种自我认知和管理的能力。与认识别人相比，认识自己更难；与管理别人相比，管理自己更难；与战胜别人相比，战胜自己最难。

如何理解"死而不亡者寿"？王弼解释为"身没而道犹存"，这个解释贴切准确。生命的延续，可以是人的寿命，更长久的延续则是一个人的精神，也就是形而上的道的层面的东西。

第三十四章

[原文]

大道泛兮，其可左右。万物恃之而生而不辞，功成而不有，衣养万物而不为主。常无欲，可名于小；万物归焉而不为主，可名为大。以其终不自为大，故能成其大。

[释义]

大道广泛流行，无所不至。万物依赖他生长而道并不推辞，虽然有所成就却并不以为己功，养育万物却并不以为可以主宰万物。对万物没有欲望和所求，可以称之为"小"；万物归附而不自以为主宰，可以称之为"大"。因为始终不自以为伟大，所以才成就了伟大。

[智慧]

"泛"，水流动。以水喻道，无所不至、无所不容、无所不养、无所不可附，但是从来不居功自傲，从来不想把任何事物据为己有，从来不觉得自己可以主宰任何事物。

水为什么伟大？水无所不至，却始终不觉得自己伟大，正是因为不觉得自己伟大，所以水才伟大。

这与"夫唯不争，天下莫能与之争"有异曲同工之妙。水能下，方成海，包容涵养得越多，就越不觉得自己有什么了不起，越是不觉得自己了不起，才越优秀、越伟大。水如此，海如此，山如此，人也如此。

　　不要居功自傲，这是老子反复告诫世人的金玉良言。可惜的是，古往今来多少人，没有倒在披荆斩棘的路上，而是死于功成名就之后，为天下憾。

第三十五章

[原文]

执大象,天下往;往而不害,安平太。

乐与饵,过客止。道之出口,淡乎其无味,视之不足见,听之不足闻,用之不足既。

[释义]

恪守大道,天下人可以互相交往而无所顾虑;互相交往却并不会互相伤害,大家安守平和安泰。音乐和美食,会让路过的人停下脚步。道讲出来,平淡无味,看它觉得没有什么可看的,听它也觉得没什么可听的,可是用起来是永远也用不完的。

[智慧]

"象",此处指"道"。

恪守无为而治的大道,能够让人过上平和安泰的生活,而且因为不刻意作为,人们彼此之间不会有刻意的竞争,也就无须彼此伤害,大家可以和平共处。反之,一旦刻意去标榜什么样的行为是值得认可的,什么样的人会被赞赏,什么行为会升官发财,那么人与人之间产生了非此即彼的竞争,就会不自然地互相伤害,生活自然无法和平了,生活也就无法和谐了。

第三十六章

[原文]

将欲歙之，必固张之；将欲弱之，必固强之；将欲废之，必固兴之；将欲夺之，必固与之，是谓微明。

柔弱胜刚强。鱼不可脱于渊，国之利器不可以示人。

[释义]

想要合上，先要让它张开；想要削弱，先要加强它；想要废除，先要让它兴起；想要夺取，先让给它。这就是幽微的征兆。柔弱胜过刚强。鱼不能离开水，治理国家的利器不可以轻易给别人看。

[智慧]

"微"，幽微，看起来好像很不明显的样子；"明"，清晰、清楚的征兆。"微明"就是那种看起来好像不明显，但其实已经很清晰的征兆。

很多事情，直来直去不一定可以实现目的，不如彻底让对手疯狂，让他有充足的理由去骄傲自满，必然带来充足的理由而疯狂膨胀，然后就会给有充足的机会一击中的。所以想要消灭自己的对手，与其打击他，不如逢迎他、恭维他，让他骄傲自满无所顾忌，于是他就会出现低级失误，至少是在正常竞争态势中不会出现的错误。

一个人在最疯狂和无所顾忌的时候，他的所作所为在旁人看来都是很弱智而且危险的，只有他自己对这些危险的迹象不屑一顾。所以说，失败的征兆虽然很微小，但是已经足够清晰了，只是当事人被对手刻意逢迎，已经膨胀到对任何危险信号都视而不见了。

康熙要除掉鳌拜的时候，提前做了很多准备。鳌拜也防着康熙，为了避免在宫中被康熙杀掉，干脆回家养病，并积极做好谋反的准备。可是呢，康熙居然给鳌拜加官晋爵，大肆封赏，让鳌拜一时间膨胀至极，觉得皇帝也怕他，还离不开他。于是，在鳌拜进宫谢恩的时候，康熙提前安排好的侍卫，拿下了鳌拜。

鳌拜在家养病，皇帝为什么破格赏赐呢？就是要杀他啊。"将欲夺之，必固与之"，想要鳌拜的命，所以给他高官厚禄。在正常情况下，如果没有这种示弱和破格封赏，鳌拜会保持冷静，不会轻易进宫。恰恰是因为年轻的皇帝表现出了弱势，表现出好像非常依赖鳌拜的样子，表现出要用高官厚禄笼络鳌拜让他继续效力的样子，才让鳌拜失去了最起码的判断力。

因此，与其硬碰硬，不如展现出柔弱的一面，示弱在某些时候是更厉害的招数。孔子去见老子，问老子何为"道"。老子就给孔子讲了"柔弱胜刚强"的道理，而且老子还张嘴露出舌头。孔子不解，老子解释："我年纪很大了，牙齿都掉光了，可是我的舌头还在。牙齿比舌头硬得多，却为什么不如舌头存在得长久呢？"

"利器"，就是最核心的原则和思想。治理国家最重要的那个想法，不能告诉别人，一旦别人知道了，提前防范，这个战略就会失效。做人也是一样，有些想法或者计划，谁都不能说，必须自己默默地静守着，等待最合适的时机。大嘴巴藏不住心思，有点儿想法就迫不及待地公布出去，这样的人，越是重要的事情越做不成。一个人能藏住多大的事情，往往能成就多大的事情。

另有一种解释，"利器"指刑罚，特别是严刑酷法。治理国家不能只依赖于严酷的刑罚。这种解释的版本很多，我个人不赞同。录此，存疑。

第三十七章

[原文]

道常无为而无不为。

侯王若能守之，万物将自化。化而欲作，吾将镇之以无名之朴。无名之朴，夫亦将不欲。不欲以静，天下将自定。

[释义]

道处于恒常不刻意作为的状态，但是没有什么事情不是源于道而形成的。居于上位者如果能够恪守道，万事万物将会自然运作。在万事万物自然运作的过程中，如果贪婪的欲望产生了，我就用质朴的道来化解这种欲望。质朴，不可名状，不会让贪婪的欲望生成。没有贪婪的欲望，心静了，天下将会自然回归安定的状态。

[智慧]

老子以"质朴"压制"贪婪的欲望"，进一步阐释无为而治而民自化的道理。看起来不刻意作为，顺势而为，其实无所不包，无处不在。最重要的是，因为统治者治理天下，没有采取违背民众意志的方式，所以民众感受不到自己被约束甚至被管理，那么一切都是顺势而为，处于自发和谐的状态。这就是"道常无为而无不为"的道理。

可惜的是，这种无为而治，没有真正被"侯王"们遵守。历史上的文景之治，是因为汉初国力很弱，被迫采取与民休息的政策，才让吕氏乱政之后的刘汉天下稳定了下来。后来的昭宣之治，是因为汉武帝时期穷兵黩武，国家的经济、政治、军事高度紧绷而处于随时崩溃的状态，如果再不停下肆意挥霍资源的统治策略，汉朝必将灭亡。从这两个重要的"治世"时代可以看出，古代帝王采取"无为而治"的统治策略，往往是因为国力不允许他们大肆扩张、穷奢极欲，并不是从根本上愿意接受道家无为而治的思想。至于汉武帝前期窦太后钟爱黄老之术，国家处于相对稳定且内外无事的状态，那只是居于上位的统治者以个人喜好暂时影响国家政策的例子而已，在大趋势上并不能左右一个朝代的整体统治思想。

我个人认为，中国两千多年的帝制时代，只有法家思想和儒家思想交替统治，无论是外儒内法、内外皆儒还是内外皆法，都只是这两家思想在统治，道家思想从未真正进入统治集团考虑范畴。

第三十八章

[原文]

上德不德，是以有德；下德不失德，是以无德。

上德无为而无以为，下德为之而有以为。

上仁为之而无以为，上义为之而有以为。

上礼为之而莫之应，则攘臂而扔之。

故失道而后德，失德而后仁，失仁而后义，失义而后礼。夫礼者，忠信之薄，而乱之首。

前识者，道之华，而愚之始。是以大丈夫处其厚，不居其薄；处其实，不居其华。故去彼取此。

[释义]

德行高的人，因为他不刻意追求德行，所以是有德行之人；德行不高的人，因为不愿意失去德行而刻意追求之，所以是没有德行的。德行高的人顺应自然，不刻意作为；德行不高的人，违背自然规律，刻意作为。仁爱之人想要有所为但无所作为，做事合时宜的人想要有所作为就可以有所作为。礼仪规范要求高的人刻意作为却没有人回应，就用胳膊推搡着强迫别人去遵守礼仪。所以，失去了顺乎自然的道，就可以有德行，失去了德行，就可以有仁爱之心，失去了仁爱，就可以做事情合乎时宜，做事情不合乎时宜，则有了礼仪规范。礼，是标志着忠信已经很薄弱了，是混乱的开始。人为设定的所谓道德礼仪规范，都只是道的虚华而已，是愚昧的开始。所以，真正得道的人，身处敦厚之处，而不会让自己处于薄弱之处；能够把握道的本质，而不会被虚化的礼仪规范所束缚。所以抛却浮华的虚伪，恪守道的本质。

[智慧]

"德"，是德行，可以理解为居于道之下位的一种补充，因为无法把握顺乎自然的道，所以退而求其次：具备符合大众价值观的好的品德。虽然有德者未必得道，但是有德者仍然是最接近道的，所以他的行为仍然能够大部分符合自然之道。这也就可以理解，上德者还是可以做到不刻意为之。而德行不够的人，他们追求公众的价值认可，也就是追求被公众认知为一个有德行的人，所以会刻意做很多事情来标榜自己的德行，这样就是下德者：越是刻意为之，越是远离德行。

"仁"，指具有仁爱之心，爱他人。与儒家思想中的"克己复礼"等思想是有明显差距的，因为"仁"这个概念在道家思想中是刻意为之的，是被批评的对象，是被摒弃的。《韩非子·解老》曰："仁者谓其中心欣然爱人也，其喜人之有福，而恶人之有祸也。"

"义"，可以理解为合乎普世价值观的时宜。《韩非子·解老》曰："义者，君臣上下之事，父、子贵贱之差也，知交朋友之接也，亲疏内外之分也。臣事君宜，下怀上宜，子事父宜，众敬贵宜，知交友朋之相助也宜，亲者内而疏者外宜。义者，谓其宜也，宜而为之。故曰：'上义为之而有以为也。'"

"礼"，是指礼仪规范，也可以理解为儒家思想中崇尚的礼法制度。

"上"，也可以理解为"尚"，崇尚之意。

道、德、仁、义、礼，这是一个递减的逻辑关系。也就是说，道是最高的法则，因为道的存在，其他的人为规范都是不需要的。一个人，只有把握不住道，才会退而求其次去追求德行，没有德行，才会再求其次去追求仁爱，依次类推，最低的行为准则是礼仪规范或曰礼法。可是到了人们追求礼仪规范来约束的时候，天下大乱就要开始了。

《韩非子·解老》对老子的思想有阐释，虽然思想体系不同，但是值得参考。

这一章因为出现了"德、仁、义、礼"这几个概念与"道"相应，所以看起来令人有些不解，不过核心思想仍是"无为"：不要刻意作为。一个人刻意想要得道，那么道将远离他，于是乎可以得到德；如果再刻意想得到德行，那么德行也将远离他，于是乎只能得到仁爱；最后道、德行、仁爱、时宜都远离了，于是只能用礼仪规范去强迫别人服从，这就彻底离开了道。统治者以为民众按照他要求的礼仪规范去做事，就是实现了有效统治，却不知这只是假象，民众真实的想法很可能与此相反。

周厉王不喜欢都城的百姓议论国政，于是以暴力的方式禁止大家议论时政，后来变本加厉，禁止百姓私自说话，于是百姓"道路以目"，见面交流一个眼神，连话都不敢说。这真是实现了最高级的统治了吧：因为君王不喜欢百姓议论，百姓连话都不说了。可这不是百姓的本心啊，也不是真正靠着统治者符合自然之道而让百姓富足安乐到实在没什么可以议论的了。防民之口甚于防川，当百姓们已经不可忍耐这种强迫和压制，他们必须说话的时候，"国人暴动"了，镐京的百姓赶走了不让他们说话的周厉王。

第三十九章

[原文]

昔之得一者，天得一以清，地得一以宁，神得一以灵，谷得一以盈，万物得一以生，侯王得一以为天下正。

其致之也，天无以清，将恐裂；地无以宁，将恐废；神无以灵，将恐歇；谷无以盈，将恐竭；万物无以生，将恐灭；侯王无以正，将恐蹶。

故贵以贱为本，高以下为基。是以侯王自谓孤、寡、不穀。此非以贱为本邪？非乎？故至数誉无誉。不欲琭琭如玉，珞珞如石。

[释义]

从来能够得道者（是这样的）：天得道而清明，地得道而安宁，神得道而灵验，山谷得道能够充盈，万物得道可以生长，侯王得道可以使得天下安定。非常极致的情况（是这样的）：天不能清明，难免开裂；地不能安宁，难免崩溃；神不能灵验，难免消失；山谷不能充盈，难免枯竭；万物不能生长，难免灭亡；侯王不能使得天下安定，难免颠覆。因此，贵是以贱为根本，高是以下为基础。侯王总是自称孤、寡、不穀。这难道不是以贱为本吗？不是吗？最高的赞誉是不用赞誉。因此不愿意如同玉一样华美，只愿意如同石头一样坚实。

[智慧]

"一"，就是道，老子讲"道生一，一生二，二生三，三生万物"。这个道岂止是人的本原和主宰，也是天地万物的本原和主宰，既然天地都要以道为本，得道而天地清宁，万物生养，那么侯王更应该符合天地之道。这一章以道的本原性和处实去虚来劝诫居于上位者要懂得处下、谦卑、不妄为的道理。

什么是高低贵贱？看起来处于高位者，处于尊贵地位的人，真的就是尊贵的吗？尊贵的人总是喜欢称孤道寡，可是这些只是君王用的自称，都是很卑贱、很不吉利的词语。是否可以说卑贱是高贵的基础呢？真正的得道者，即便他理应获得天下的赞誉，但是似乎不用赞誉。为什么会这样呢？因为这样的得道者，他的心性和行为都已经像石头一样坚实，已经彻底抛弃了玉石的华美和虚浮，外在的赞誉也好、诋毁也罢，都已经无法影响他的心性了，赞誉要与不要又有什么区别呢？很多赞誉得不到不一定不好，得到了还可能会成为负担。特别是名不副实的赞誉，盛名之下其实难副，痛苦也是一般人无法体会的，这样的赞誉往往会毁掉一个人。

"不得为务虚名而处实祸"，诚哉斯言！

第四十章

[原文]

反者，道之动；弱者，道之用。

天下万物生于有，有生于无。

[释义]

道的运动是循环往复的，道的作用是柔弱的。天下万物都是生于有，而有生于无。

[智慧]

"反"，同"返"，循环往复地运动。

这一章讲了两个问题。

第一个问题是道的运行规律和效力。规律循环往复，永不停歇，看起来其作用确实很柔弱的，但是永远存在，早于天地生成，也会比万物都更长久。

第二个问题就是"无中生有"的道理了。"有"从哪里来？从"无"中来。"有"是什么？就是我们可视、可听、可触及、可感知的大千世界。以有形物质存在的状态，都可以归结为"有"。在"有"存在之前是否有其他状态存在？这个状态是什么？当代物理学家提出宇宙大爆炸理论，试图揭示宇宙生成的过程。中国古代哲学显示出惊人的力量。老子所处的时代根本无法论证宇宙如何形成，也无法触及宇宙大爆炸理论，但是老子在哲学思想体系中鲜明地提出"无中生有"思想，与当代物理学家的研究"殊途同归"。

第四十一章

[原文]

上士闻道，勤而行之；中士闻道，若存若亡；下士闻道，大笑之，不笑不足以为道。

故建言有之：明道若昧，进道若退，夷道若纇，上德若谷，大白若辱，广德若不足，建德若偷，质真若渝。大方无隅，大器晚成，大音希声，大象无形，道隐无名。

夫唯道，善贷且成。

[释义]

上等的士人听了道，会努力去践行；中等的士人听了道，将信将疑；下等的士人听了道，会哈哈大笑。不被嘲笑，不足以成为道。因此，古人这样讲：光明的道好像暗昧，前进的道好像后退，平坦的道好像崎岖，崇高的德行好像山谷，无瑕的洁白好像被玷污了一样，广大的德行好像尚有不足，刚健的德行好像懦弱的样子，质地纯真好像沾满了污水。最方正的好像没有棱角，最贵重的器物最后才做好，最大的声音听起来好像没有声音，最大的形象好像没有形状，道幽隐而没有名字。只有道，善于辅助并成就万物。

[智慧]

上士、中士、下士，指上、中、下三等的读书人。读书不一定能得道，这和人的视野、心胸、悟性有关，所以不同等级的士人听到了相同的大道，反应不一样。上等人听懂了，就会立刻实践；中等人半信半疑，但还是有机会实践；最要不得的就是下等人，明明是自己悟性差，却觉得听到的东西不好，还要表现出对自己听不懂、悟不明白的事情加以嘲笑，以此来显示自己的高明。这样的人才是最可笑的，也是最可怜的。所以老子觉得，如果不被这样有点儿文化但是还不明理，还自以为是的人嘲笑一番，那么还真够不上是真正的道。

大方无隅，大器晚成，大音希声，大象无形。真正的道，并不张扬，并不急于表现出来，崇尚自然而形成，不刻意人为。正因为没有刻意人为，所以自然形成的才是最好的。比如教育孩子，那些着急赶进度打造出来的所谓超前学习的孩子们，早成的必然是"小器"。好器物是慢慢雕琢出来的，慢工出细活。违背事物发展规律，揠苗助长，不可能有真正的收获。

道并不吝啬，他并不追求自己的成功和显赫，所以道善于辅助别人，成就别人。正是因为道善于辅助和成就其他人，所以才能最终成就自己，才能让自己成为天地宇宙之间的万有的主宰。

很多时候，你做好分内的事情，安守本分，等待时机。善于辅助别人成就别人，也最终能成就自己。很多才能卓著的人不是败在技不如人，而是败在过于着急。真正得道的人，是能耐得住寂寞，忍得住误解，安静地等待，并且在时机出现的时候，准确而迅速地把握住机会，从而获得最大的成功。

第四十二章

[原文]

道生一，一生二，二生三，三生万物。万物负阴而抱阳，冲气以为和。

人之所恶，唯孤、寡、不毂，而王公以为称。故物，或损之而益，或益之而损。人之所教，我亦教之。强梁者不得其死，吾将以为教父。

[释义]

道生元气，元气生阴阳，阴阳生和气，和气生万物。万物之所背向为阴，之所面向为阳，阴阳气冲以为和气。人们所厌恶的，是孤独、鳏寡和不得生养，但是王公们用这些字词来自称。所以万物看起来减损，其实可能会增益；看起来增益，却可能会减损。别人这样教给我，我也这样教给其他人。过于刚强的人不得善终，我把这个当作教育别人的根本道理。

[智慧]

从道生出一二三，以至于万有万物。这里的一二三，有很多种解释，可以简单理解为从道到万事万物变化的复杂过程。古人喜欢用三、九来表示很多，不是实数，这里的一二三也可能只是用来形容道从无到有产生的复杂的过程，简单以数字代替。后来西方人研究老子，说老子已经知道二元论等等。老子知不知道二元论，无从考证，西方人这样研究，我们听听即可，不必认真。老子根本不可能介意后人是否宣扬他、崇拜他，自己的亲儿孙都不在意，何况外国人呢？

汉朝人对一二三有自己的解释：一是元气，道生成元气；元气产生了阴阳两极，即二；阴阳生，万物调和，生成了和气，三指和气。引经据典、考据古籍，是两汉学者所长。元气、阴阳、和气之说，我们知道即可，无须过于考究。只是我们须知，在经历了秦朝"焚书坑儒"之后，我们华夏的古籍经典之所以能够传承，那是因为两汉学者数百年一字一句考证出来的，我们今天尚能得知孔孟老庄诸子百家思想，以两千多年唯一传承有序的华夏文明傲视全球，两汉学者功莫大焉。

天地万物都有向背。面向阳面，背对阴面，但是阴阳又不是割裂的，而是和谐相处的，阴阳相合万物以生。其实人体也是一个小宇宙，与天地相合，也有阴阳。中医养生的一个重要方式就是抱阴负阳，让自己的身体与天地运行规律相合。《黄帝内经》里有介绍一年四季如何生活。

损益也要辩证地看。有时候，一个人追求蝇头小利，看起来他好像占了便宜，得了实惠，可是从大的方面看，别人觉得这个人没有格局，影响了前途，他失去的肯定比这点儿眼前的利益要多。从更大的视野去观察，这个人肯定是损失大于收益。很多时候，站的高度不一样，看的视野不一样：很多人自以为得到了，其实失去了更多，只是以他们的高度和视野看不到而已。不要在意眼前的蝇头小利，而要学会舍弃一些不那么重要的，不能大小便宜都占。抢来抢去的结果，最后什么也没得到，反倒是那些不争不抢的人得到最多。争是不争，不争是争啊。

为什么说柔弱胜刚强呢？因为过于刚强容易折断，容易被别人当作打人的棍子，伤了别人也折了棍子。所以做人不能过于耿直强硬，适当时候要柔和一些，保存自己才是一切成功的根本。但是，我认为，有一个例外，那就是当遇到敌国入侵的时候，民族大义永远高于个体生命。面对外侮，所有人都应该成为强梁者。大丈夫有所为有所不为，这算是我对老子思想的补充。

第四十三章

[原文]

天下之至柔，驰骋天下之至坚。无有入无间，吾是以知无为之有益。

不言之教，无为之益，天下希及之。

[释义]

天下最柔弱的事物，却能驾驭天下最坚硬的事物。无形的力量可以穿透没有空隙的事物，我所以知道无为的益处。不用言语的教导，不刻意作为的益处，天下的人很少有人可以感知得到。

[智慧]

柔弱胜刚强。道就像水一样，看起来柔弱无形，但是可以无处不至、无所不包、无坚不摧。

天下至阳莫过于帝王，天下至阴莫过于皇后。古代那些圣明的君主或昏聩的君主，他们的身后都有一个女人的身影，而台前帝王的所作所为与其背后这个女人大有关系。

骊姬劝晋献公废长立幼、废嫡立庶，这才有了晋国几十年的混乱；李世民被魏征一次又一次当众批龙鳞，愤恨不平的时候，长孙皇后盛装拜贺，为圣明的君主和贤良的大臣共襄盛世而庆贺。毋庸置疑，"贤内助"并非万能的，将历史兴衰归结于一个女人是不恰当的，但是

"坏女人"总是不好的。

不说话能带来的教导，不折腾能带来的益处，很多人把握不住。现在有些人崇尚快餐，习惯竞争，乐见强者，也乐见弱者，对于新人的涌现和旧人的落寞习以为常。天下熙熙攘攘，利来利往，倘能偶尔保持安静，不说不做，不与人争，那或许便是得道了。当人们不再因为担心不能折腾而被淘汰的时候，世界也许才会真的和谐。

第四十四章

[原文]

名与身孰亲？身与货孰多？得与亡孰病？

甚爱必大费，多藏必厚亡。

故知足不辱，知止不殆，可以长久。

[释义]

声名与生命哪一个更重要？生命与利益哪一个更重要？得到名利与失去生命哪一个更有害？过分的喜爱就会耗费更多，过多的聚敛就会有更大的损失。知道满足不会受到侮辱，知道适可而止不会带来危险，这样才可以长久。

[智慧]

要钱要名还是要命？道家讲"贵生"，没有什么比生命更重要，没有什么值得用生命去换取。倘若有，那必是民族大义与家人健康。可是呢，现在有些行业，有些年轻人，连轴转，吃住在公司，甚至几天几夜不合眼，为了某某项目，拿自己的生命去换取别人的财富加上对自己些许的夸赞和奖赏。这值得吗？换言之，拿别人生命去换取自己财富的人，那些钱在某一个点之上都已经是数字变化而已了，为什么为了自己的虚名而要搭上那么多追随自己的人的生命呢？当代社会的公平，是要让每个人的生命都得到最起码的尊重和保护。

　　过分喜爱一个人、一个物品，会耗费更多的资源。上有所好，下必从之。宋徽宗赵佶喜欢假山石，他想把江南水乡搬到汴梁城内，于是蔡京等人在江南大肆搜刮"生辰纲"，民不聊生。何以至此？那是因为赵佶需要一块石头，那帮贪官污吏就敢打着皇帝的幌子在江南地区搜刮一百块、一千块甚至一万块石头，加上无数的钱粮珍玩布帛美女。

　　家里攒太多的钱，到底是用来干什么的呢？清朝和珅依仗皇帝的宠幸，一两银子不嫌少，一万两银子不嫌多，只要是钱就敢要，只要是宝就想拿，天下之大，都不够和珅搬了。结果呢，乾隆一死，嘉庆都等不到出了正月就把和珅赐死，然后抄家。和珅把所有贪污来的钱财珍宝分门别类、按库管理，嘉庆把这些钱财往国库一搬就可以了，甚至都不用再整理，因为已经整理得很细了。和珅一辈子费心尽力地贪污受贿，不敢花，或者无处花，到底是为了什么呢？难道只是为了用几十年的时间给嘉庆皇帝收拾好库房吗？

　　人在逆境中往往能知足、能知止，但是在顺风顺水的时候，能做到知足、知止，就难于上青天了。于事业的顶峰处戛然而止，急流勇退，那得是大智慧才能做得到。功成身退而不慕虚名，如范蠡、张良；身居高位而进退自如，如郭子仪、李泌。

第四十五章

[原文]

大成若缺，其用不弊。大盈若冲，其用不穷。大直若屈，大巧若拙，大辩若讷。

躁胜寒，静胜热，清静为天下正。

[释义]

最完美的事物也好像有缺陷，但是它的功用是没有瑕疵的。最充盈的事物也好像空虚一样，但是它的作用是不会穷尽的。最笔直的好像是弯曲的，最灵巧的却好像很笨拙，最卓越的论辩看起来很木讷。躁动可以抵御寒冷，安静可以抵御炎热，清静无为可以治理天下。

[智慧]

事物的表面很容易误导别人，让公众对事物的本质发生曲解。看起来好像有缺陷的东西，其实才是完美无瑕的；看起来好像什么都没有，其实充盈得很。看起来弯曲的东西，其实是笔直的；看起来笨拙的人，却有可能是工匠大师；觉得一个人口拙，可是他不多的言语处处到位，赢取了论辩。这在用排比的方式讲述一个道理：要具有独立思考、正确判断的能力，要防止被误导，不要轻易相信自己的判断，更不要轻易相信别人的判断，哪怕是大多数人的判断。

可怕的是，有时候，我们以为我们在独立思考，其实我们只是在重复别人想让我们假装独立思考的观点。拾人牙慧，听起来很脏，但是有的人就是在这样做。

爱因斯坦提出相对论的时候，世界上很少有人看得懂。

韩非子说话有些口吃，就用笔把观点写下来。

汉初刘邦想换太子，大臣们反对但是不敢轻易说，只有周昌结结巴巴说："臣口不能言，然臣期期知其不可。陛下虽欲废太子，臣期期不奉诏。"这两个"期期"让周昌成为保住当时的太子、后来的汉惠帝的两大功臣之一，连吕后都跪谢周昌保住太子之恩。所以说话多少不是关键，有用没有才是关键。

一个人，外表和内心往往差异很大，我们不要轻易给一个人下结论，更不要进行绝对的论断。

《名贤集》有一首打油诗："乖汉笑痴汉，痴汉总不知。乖汉作驴子，却被痴汉骑。"

居于上位者，要保持平静的心态，以安静的方式观察别人，以安定的方式治理天下，不要轻易被人和事的表面所迷惑，做出错误的判断。

第四十六章

[原文]

天下有道，却走马以粪；天下无道，戎马生于郊。

祸莫大于不知足，咎莫大于欲得，故知足之足，常足矣。

[释义]

天下政治清明，战马放到田地里播种；天下政治混乱，战马集合于郊野。最大的祸患就是不知足，最大的罪过就是贪得无厌，所以懂得满足的这种满足，才是永恒不变的满足。

[智慧]

老子生活的时代，战争不断，彼此争夺土地、人民、货值、珍宝、美女等等。岂止是春秋呢，古代战争的发动者大多是不义的，他们所追求的是少部分人的私欲，牺牲的是大部分人的生命和尊严。真正有道的君主，不会以发动战争作为实现个人私欲的手段。在农耕时代，马是用来作战还是用来播种，完全取决于君主的一念之间。

战争就会产生灾祸，这种祸端迟早会波及发动战争的统治者本人。这种祸患的发生，正是由于身居高位者的"不知足"：本来已经拥有很多了，还想要得到更多。

天下之利，取之不尽、用之不竭。在适当的时候慢下来、停下来，控制住自己的欲望，不但给别人留了出路，也保全了自己，这才是有道的人。

第四十七章

不出户，知天下；不窥牖，见天道。其出弥远，其知弥少。

是以圣人不行而知，不见而明，不为而成。

[释义]

不出门，就能推知天下之事；不透过窗户，就能感知自然运行的法则。出门越远，知道的反而越少。因此，圣人不远行却了解天下，不需要观察却能明悉天下大道，不刻意作为却能有所成就。

[智慧]

老子反对，或者说不主张，人过于关注外在的事物，过于为名利而追逐忙碌。道家思想讲求自我觉醒，看重人反观自照，自己去自己的内心寻找与天地宇宙相合的规律，即自我修道。

独处是一种能力，让自己安静下来，与自己的内心去交流，或者放空自己的思想，让自己的身心自然而然地感受天地宇宙的运行，感知有形的物质世界和无形的虚空存在。

人本来应该既有社交又有独处，可是物质世界越来越吸引人，很多人开始害怕独处，而习惯于和别人在一起了，从而丧失了"独处"的能力。

第四十八章

[原文]

为学日益，为道日损。损之又损，以至于无为，无为而无不为。取天下常以无事，及其有事，不足以取天下。

[释义]

求学是一天比一天增加见识，修道是一天比一天减少心智。心智少而又少，达到了不刻意作为的程度，不刻意作为就可以无所不为。治理天下应该以顺应自然无所事事为常态，等到需要以苛政酷法来治理天下的时候，天下已经不可治理了。

[智慧]

为学，是指求取世俗功名利禄的学问。

为道，是指修养身心，让自己减少欲念以符合天地自然之道的过程。

无事、有事，是指是否顺应自然，不刻意生事地治理天下。

有些人，知识越丰富，越容易陷入名利欲望的深井而不能自拔，因为觉得自己寒窗苦读多年，越发是个人物了，如果不能纵马横枪、挥斥方遒、指点江山、激扬文字，那实在是上天在浪费人才。自命不凡是读书人没有把书读透的通病。

修道是一个做减法的过程。通过修养自己的身心，让自己的身体和心灵慢慢与天地自然运行的规律相符合，慢慢感知无穷宇宙的万有与生成万有的虚无。越能放空自己的内心，越能超脱小我，感知到本我。收回心神的时候，自然会放下很多贪念与执念，想要攫取更多物质的欲望就会不断地减损。

修道而不断减损物质欲念的结果，就是不会刻意作为，更不会妄为，按照自然规律顺着天下人的本心、本性去做事。

治理国家也是一样。尽量给百姓一个自我生存发展的和谐环境，而不是刻意要求百姓违背人心人性去做绝大多数人都不愿意做的事情。上位者治理天下，不要妄为，不要瞎折腾，不要天经地义地认为天下都可以予取予求，肆意挥霍，搞得民不聊生。

做人，与治理国家一样，少点儿欲望，少点儿折腾，才能更长久。

第四十九章

[原文]

圣人无常心，以百姓心为心。

善者，吾善之；不善者，吾亦善之，德善。

信者，吾信之；不信者，吾亦信之，德信。

圣人在天下，歙歙焉，为天下浑其心。百姓皆注其耳目，圣人皆孩之。

[释义]

圣人是不会以自己的主观欲念为成见的，而是以百姓之心为行为准则。善良的人，我会善待他，不善良的人，我也会善待他，这样可以使得人人向善。守信的人，我会对他守信，不守信的人，我也会对他守信，这样可以使得人人守信。圣人治理天下的时候，收敛自己的主观成见，使得天下的百姓回归质朴。百姓耳目并用而你争我夺，圣人则像对待自己的孩子一样引导他们。

[智慧]

圣人不是没有心，而是为了天下百姓的福祉，收起了自己的私心。真正的圣人，以天下大多数人的利益为自己的利益，以天下大多数人的诉求为自己的诉求。

老子主张，圣人以本我为主，我要善，则与人善，别人是否与我善不重要；我要信，则与人信，别人是否与我信也不重要。这一点和孔子的思想有差异。孔子主张"以德报德，以直报怨"，你对我好，我也对你好，礼尚往来，"投我以木瓜，报之以琼琚"，如果你对我恶，我必然照样奉还；"以德报怨，何以报德"，别人对你不善，你还对别人善，那么那些对你善的人，你何以报答呢？我认为，境遇不同，策略不同，就像性善论与性恶论，不同的场合有不同的价值。

谁没有私欲呢？能控制自己的私欲，收起自己的个人诉求，以天下百姓的福祉为自己的追求目标，这样才能真正治理好天下，才能得到百姓真正的拥护，天下才能长久。反之，将私欲施加于老百姓，当作自己仓库似的肆意取用，会丧失民心，最终丧失天下。

第五十章

[原文]

出生入死。生之徒十有三，死之徒十有三。人之生，动之于死地，亦十有三。夫何故？以其生生之厚。

盖闻善摄生者，陆行不遇兕虎。入军不被甲兵，兕无所投其角，虎无所措其爪，兵无所容其刃。夫何故？以其无死地。

[释义]

人出世为生，入地为死。长寿的人，占了十分之三；短命的人，占了十分之三。过度养生而死的，也占了十分之三。这是什么原因呢？因为养生过度了。听说善于养生的人，陆地上行走不会遇到犀牛和老虎，在战争中不会被兵器伤到。犀牛用不上它的角，老虎用不上它的爪子，兵器用不上它的利刃。这是什么原因呢？因为他没有进入死亡之地。

[智慧]

这一章把人生的寿命长短先分为三种：第一种是长寿的，占了十分之三；第二种是短命的，占了十分之三；第三种是本来能够长寿，但是过分保养自己，结果短命而死，这种也占了十分之三。紧接着，推出第四种：避开凶险而长寿，这种人占了十分之一。

老子批评第三种人，赞扬第四种人。

第三种人，明明可以活得很好，却一定要各种折腾，反而提前葬送了自己的性命。例如，赵构南渡，建立南宋，名将辈出，吴玠站在川陕大门前，以少胜多，顶住了金军对四川多次攻击。吴玠，相当于四川的守护神，"微玠身当其冲，无蜀久矣"。他与岳飞，一攻一守，岳飞夺回襄阳，吴玠守住蜀地。岳飞因"莫须有"的罪名被害，令人叹息；而这门神一样的大将军吴玠，因为服食丹药而在47岁逝去。服食丹药，不仅没有保养自己，反而送上自己的命，实在是大宋朝的损失，让读史者扼腕。

第四种人，占了十分之一，顺势而为、质朴清净，不刻意、不妄为、不折腾，既不会特别在意自己，又不会特别糟蹋自己，一言以蔽之，顺其自然。这样的人，颐养天年。

第五十一章

[原文]

道生之，德畜之，物形之，势成之。是以万物莫不尊道而贵德。道之尊，德之贵，夫莫之命而常自然。

故道生之，德畜之。长之育之，亭之毒之，养之覆之。生而不有，为而不恃，长而不宰，是谓玄德。

[释义]

道生成万物，德蓄养万物，万物的物质状态形成了万物，环境使得万物得以成长。所以万物都尊崇道而以德为贵。道之所以受到尊崇，德之所以珍贵，就在于道和德都不会干涉生命的自然生长。所以道生成万物，德蓄养万物。生长万物，养育万物，安定万物，调养万物。生长却不据为己有，抚育却不恃功自居，有能力统治万物却不去主宰它们，这就是最高深的德。

[智慧]

万物从无到有，以有形但符合自然之道的德行加以蓄养，然后以有形的物质状态存在，并各自有其依存生长的环境。在这种自然而不加干涉的状态之中的生长、成熟、壮大、衰老、灭失，是最自然的，是符合天道的。

为什么鱼儿生活在沟渠之中可以活很久，可是被人们养在精美的鱼缸里，吃着精致的鱼食，却死得很快呢？那是因为人为地改变了鱼儿本该有的生存环境，改变了鱼儿本来的生长进程。

人和人的关系也是一样。什么是自然和谐的人际关系呢？就是尊重别人的选择。不要以自己的观点来判断别人的行为，不要替别人去做决定，不要觉得"我是为你好"就可以肆意干涉别人的事。尊重，就是我可以不认可你的行为，但我认可你有选择的权利和自由。

庄子曾说，水中的鱼儿很快乐。惠施质问：你也不是鱼，怎么知道鱼儿很快乐呢？庄子回答：你也不是我，怎么知道我就不知道鱼儿很快乐呢？

庄子还讲过一个故事：泉水干涸了，鱼儿只能待在陆地上，它们互相以口水打湿对方的身体，互相以唾沫去滋润对方，彼此勉强活下去，即便如此也不如在江湖水中彼此不认识而自由自在地生活。

"生而不有，为而不恃，长而不宰，是谓玄德"，与第十章内容重复，是否错简难以确定。这一句放在第十章和本章都不影响整章的意思。

第五十二章

[原文]

天下有始，以为天下母。既得其母，以知其子；既知其子，复守其母，没身不殆。

塞其兑，闭其门，终身不勤。开其兑，济其事，终身不救。

见小曰明，守柔曰强。用其光，复归其明，无遗身殃，是为袭常。

[释义]

天地万物都有初始，作为万物的本原。知道了万物的本原，就可以认识万物；认识了万物，就可以持守本原，终身都没有危险。塞住欲望的孔道，关闭欲望的大门，终身都没有烦扰。打开欲望的孔道，增加欲望，终身都无法救治。能够观察到细微之处的叫"明"，能够持守柔弱的叫"强"。运用道所生智慧之光辉，反观内照自己内心的细微之明，不给自己带来灾祸，这就是永恒的常道。

[智慧]

"始"，初始，开始，指道。天地万有的本原就是道。"母"是本原之道，"子"是道生之万物。"袭常"，承袭常道。

老子以母子来比喻万物本原的道和有形的万有物质世界，我们不能只看表面，被有形的物质世界所迷惑，而是应该懂得这些万有从何而来，什么才是真正的本原。知道了本原，就可以克制对物质世界的无限欲念，让自己在物质世界中保持清醒和理智。一个可以控制自己的物质欲望的人，才是真正活得自由的人。

为了可能并不需要而只是想要的那些外在的物质，让自己烦恼、困惑、痛苦、扭曲，这又是何必呢？真正的自由，就是内心世界无拘无束，不被别人约束，更不会被自己束缚。真正的独立，就是我可以决定我想要，也可以决定我想不要。

有些人天天喊口号，要自由，要独立，却连摆脱一个所谓名牌包的诱惑都做不到。先从解放自己的内心开始，让自己内心放下对过多物质欲念的执着，才能真正获得自由和独立。真正的独立和自由是从精神层面开始的，又会最终归结于更高的精神层级。陈寅恪先生在悼念王国维先生时说："惟此独立之精神，自由之思想，历千万祀，与天壤而同久，共三光而永光。"老子说，"死而不亡者寿"。何为不朽？其精神永驻之谓也。

第五十三章

[原文]

使我介然有知，行于大道，唯施是畏。

大道甚夷，而人好径。朝甚除，田甚芜，仓甚虚。服文彩，带利剑，厌饮食，财货有余，是为盗夸。非道也哉。

[释义]

假使我有些许认识，在大道上行走，唯恐误入歧途。大道很平坦，君王却喜欢走斜路。朝廷腐败，农田荒芜，仓库空虚，君王却还穿着锦绣的衣服，佩戴着锋利的宝剑，饱食美味珍馐，搜刮足够多的财富。这就叫盗匪的头目。这根本不是正道。

[智慧]

"我"指得道之人。"人"指人君。"盗夸"，指大盗。

老子痛斥春秋时期各诸侯国的朝政腐败和诸侯国君主们的骄奢淫逸。不折腾百姓，顺乎天地自然运行的规律和百姓之心去治理国家，百姓富足，国家昌盛，这本来是最简单的方式，可得到最大的实惠，也就是"大道甚夷"；可是这些居于上位者，偏偏放着大道不走，一定要走偏僻斜路，为了满足一己私欲，发动政变、发动战争，搞得田地荒芜、百姓贫苦，搞得国家府库空虚。可是诸侯国的君主们自己呢，吃着珍馐美馔，小金库里奇珍异宝不计其数，屋内娇妻美妾美艳动人。

这哪里是治理国家的君主该有的行为呢，这分明是为了私欲而打劫民众，这就是强盗行为，这些诸侯国的君主就是这强盗的头子啊。老子此言振聋发聩！

国家如何才能长治久安呢，非常简单，也非常难。统治者以百姓的需求为需求，以百姓的愿望为愿望，所谓"以百姓心为心"，这就简单了。统治者将国家视为自己的府库，将百姓视为自己的家奴，予取予求，肆无忌惮，放纵至极，还想长久，这就难了。

第五十四章

[原文]

善建者不拔，善抱者不脱，子孙以祭祀不辍。

修之于身，其德乃真；修之于家，其德乃余；修之于乡，其德乃长；修之于邦，其德乃丰；修之于天下，其德乃普。

故以身观身，以家观家，以乡观乡，以邦观邦，以天下观天下。吾何以知天下然哉？以此。

[释义]

善于有所建树的人不会轻易动摇，善于有所抱持的人不会轻易脱落，子孙后代能够遵从这个道理则世世代代祭祀不断。用这个道理修持自身，那么他的德行是真实的；用这个道理修持其家，这个家的德行是有富余的；用这个道理修持其乡里，乡里的德行之风尚是会被广为推崇的；用这个道理修持其国，这个国家的德行是丰厚的；用这个道理修持于天下，那么这种德行会风行于普天之下的。所以要从自己的德行去观照别人的德行，从自己家的德行去观照别人家的德行，从自己乡里的德行去观照别人乡里的德行，以自己国家的德行去观照别人国家的德行，以自己所知的天下德行去观照尚不可知别人天下的德行。我如何知道广袤天下的情形呢？是用这个道理知道的。

[智慧]

真正得道之人，不会轻易动摇，也不会轻易脱离道，不会轻易为外界影响而背离道。因此所谓的"修之于身""修之于家""修之于乡""修之于邦""修之于天下"的道理，其实就是"道"本身，以道修持自己以至于修持天下，会无往而不利。

"以身观身，以家观家，以乡观乡，以邦观邦，以天下观天下"，这里的"观"可以借用"观照"来解释。得道之人，看到自己的德行，就可推知别人的德行，以此类推。所以，得道之人，有慧心，并无须看到别人才知道别人是何等样人，无须看到别人的家庭、乡里、国家才知道是何样，无须遍行天下才知道天下是何样，即第四十七章所说的"不出户，知天下；不窥牖，见天道"。佛家讲"如实观照"，就是按照当下真实的模样去如实看自己，看懂了自己，也就可以推而知之其他人是何样了。很多慧心，佛家和道家是相通甚至相同的，都是修持自我，反观内省，以此实现自我内心的觉醒与顿悟。区别在于：道家修持自我之后，主张不刻意作为，让天下人按照天下人的本心去生活，即便芸芸众生并未悟道，亦无妨；而佛家自觉之后，必要觉他，以慈悲之心去普度天下众生，地藏菩萨发大愿"地狱不空誓不成佛"即这一思想的最好体现。

第⑤⑩⑤章

[原文]

含德之厚，比于赤子。蜂虿虺蛇不螫，猛兽不据，攫鸟不搏。骨弱筋柔而握固，未知牝牡之合而朘作，精之至也。终日号而不嗄，和之至也。

知和曰常，知常曰明。益生曰祥，心使气曰强。物壮则老，谓之不道，不道早已。

[释义]

有深厚德行之人，就好像出生的婴儿。蜂蝎毒蛇不蜇咬他，猛兽的爪子不抓伤他，鹰隼的利爪不刺伤他。他筋骨柔弱，拳头却握得很紧。婴儿还不知道男女交合之事，但是男婴的生殖器可以自动勃起，这是精气充足的缘故。婴儿终日号哭却不会沙哑，这是元气醇和的缘故。知道醇和的道理叫"常"，知道"常"的道理叫"明"。懂得有益于养生叫"祥"，放纵心机驱使欲念之气叫"强"。任何事物一旦达到了强盛就会转而衰老，所以过于强盛是不符合自然之道的，不符合自然之道的事物很快就会消亡。

[智慧]

"赤子"，就是刚出生的婴儿。赤子之心，究竟何物？我以为是指人本原天然的心，纯而无染。在这一点上，儒道观念一致，孟子也讲赤子之心的。未受外界物质欲念所熏染的本原之心，就是赤子之心，只是人慢慢长大，受外界耳濡目染越多，本心蒙尘越多，欲念越多，也就没有那份纯洁无瑕了，自然也就失却了赤子之心。修心、修道，就是要去除杂念，去除物欲，让自己的内心重新回归或者接近本原的初心，也就是赤子之心。

赤子之心，听起来很玄，似乎也没必要，毕竟我们慢慢长大，已经不可能再回到完全懵懂的婴孩状态，那么老子为什么还要我们修赤子之心呢？叫我们回归赤子之心，就是让我们在这种不断回归的自修过程中，放下一些执念，放下一些贪欲，放下一些嗔怒，让自己可以更快乐一些，更多地享受人生本来该有的快乐，更多地享受生命本来该有的旅程。

婴儿或者很小的幼儿其实是很神奇的，他们完全没有自我保护的能力，但是好像有神力护体。看起来柔弱无比的婴儿，小拳头攥起来却很难被成年人掰开。本原之道，简单运用，不刻意、不妄为，即可。

老子讲的赤子之心，是让掌握权力的人，不要忘记自己为什么要掌握权力，不要忘记自己的本心，在权力不受控制且私欲膨胀的时候，回归一下自己本原之心。如此，稍许克制，便已是天下苍生之福了。

做人，还是要不忘初心。

第五十六章

[原文]

知者不言，言者不知。

塞其兑，闭其门。挫其锐，解其纷，和其光，同其尘，是谓玄同。

故不可得而亲，不可得而疏；不可得而利，不可得而害；不可得而贵，不可得而贱，故为天下贵。

[释义]

有智慧的人是不多说话的，多说话的人是没有智慧的。塞住欲望的孔道，关闭欲望的大门。不露锋芒，消解纷扰，调和光芒，混同尘世，这就是玄妙同化的境界。因此对天下的百姓，不分亲疏、利害、贵贱，就可以被天下人所尊重。

[智慧]

"知"通"智"，表示智慧。

"塞其兑，闭其门"，第五十二章出现过，似为错简。

"挫其锐，解其纷，和其光，同其尘"，第四章出现过，但是放在本章显得更通顺，符合本章之主旨。收敛自己的锋芒，混同于茫茫尘埃飘散的世界中，不让别人注意自己，也就不会被嫉妒，更不会被加害。这是一种低调内敛、明哲保身的处世哲学。

老子主张，君主对天下臣民，一要不亲不疏。不对任何人表现出过分亲近，也不对任何人表现出过度疏远。没有亲近就不会有幸进之人，也就没有佞臣；没有疏远，也就没有怨恨，就不会有反贼。朝堂之上无佞臣，江湖之远无反叛，这个天下才是安稳的。二要不利不害。不要为了部分百姓过多地施利，让他们在某些方面领先或者赶上其他的百姓，这种损有余而补不足的做法容易让这些百姓产生依赖心理，等着圣君明主替他们谋利；更不要加害盘剥百姓，居于上位者必须明白他和他的集团之所以可以过着富足的生活，那是因为有百姓为他们劳作、向他们纳贡，"尔俸尔禄，民脂民膏，下民易虐，上天难欺"。三是不贵不贱，亦是同理。

这一章描述的观点，类似第五章所讲的"天地不仁，以万物为刍狗；圣人不仁，以百姓为刍狗"，老子认为，好的统治者就是要让百姓自我生长、自我发展、自我衰落、自我灭亡，对于这个过程不加以干涉和阻挠，一切顺乎自然规律。

当然，我们要看到，老子所处的是春秋时期诸侯国分立且周天子中央一统能力极弱的时代，那个时代尚没有现代国家的概念，我们不能用现代国家行政治理的思想去轻易否定两千多年前老子治世的思想。时代不同，方法不同，不能僵化，而要以发展的眼光处理问题。

第五十七章

[原文]

以正治国，以奇用兵，以无事取天下。吾何以知其然哉？以此。天下多忌讳，而民弥贫；民多利器，国家滋昏；人多伎巧，奇物滋起；法令滋彰，盗贼多有。

故圣人云：我无为而民自化，我好静而民自正，我无事而民自富，我无欲而民自朴。

[释义]

以无为而治的正道治理国家，以奇技诡谲的方法用兵，以不干扰百姓的方式治理天下。我是如何知道这些道理的呢？从这些事情上知道的：天下的禁忌越多，人民越贫困；百姓的利器越多，国家越混乱；人们的技巧越多，各种奇怪的事情就越多；法令越森严，盗贼就越多。所以圣人说："我不妄为，百姓自然会自我化育；我清静，百姓自然就会走上正道；我不干扰天下，百姓自然会富足；我没有过多的欲望，百姓自然纯真质朴。"

[智慧]

"正"，指顺其自然、无为而治，即道。

在老子看来，天下的事情，有时候就是这样：你越是想帮助某些人，这些人就越需要更多的帮助，越不会自立；你越是想要制定更多的规章制度让大家行为更规范，反而越会出现更多的漏洞，更多人会用这种漏洞谋利，反而让听话和守规矩的大众利益受损；越是鼓励宣传某些有本事的人取得所谓的"成功"，就越会有更多的人不安于脚踏实地，而希望一夜暴富。

《史记》中有这样一个故事：楚庄王觉得楚国的车架太低，不利于用马拉车，于是他要下令让楚国的车架升高。令尹孙叔敖劝阻说，国家的法令不能总是更改，这样百姓会不知所从，不如换个方式。于是孙叔敖找来一些士大夫，让他们把自己的车门提高一些，因为乘车的大多是这些士大夫，他们的行为会影响楚国都城其他人，楚国都城人的行为又会影响楚国其他各地人。这样，孙叔敖只是找了一些郢都的士大夫，改了一下车门的高度，全国很快就都跟着学，提高了车架的高度。司马迁评价："此不教而民从其化，近者视而效之，远者四面望而法之。"这就是"我无为而民自化"的范例。

的确，很多时候，居于上位者，只要约束好自己就够了，百姓自然会上行下效，而不需要以刻意、多余、额外的行为去管理百姓。

第五十八章

[原文]

其政闷闷，其民淳淳；其政察察，其民缺缺。

祸兮福之所倚；福兮祸之所伏。孰知其极？其无正。正复为奇，善复为妖。人之迷，其日固久。

是以圣人方而不割，廉而不刿，直而不肆，光而不耀。

[释义]

执政宽厚，人民淳朴；执政严苛，人民狡黠。祸福相依，相互转化，谁能知道它的究竟？它并没有一个标准。正忽而变为邪，善忽而变为恶。人们已经迷惑很久了。所以圣人方正而不害人，锐利但不伤人，耿直但不放肆，光亮但不耀眼。

[智慧]

福祸相依，并不会单独割裂开：一个人鸿运当头的时候，灾祸可能已经悄悄潜伏了；一个人走霉运的时候，好运气已经来到身边了。如果单纯从福祸产生的后果去看，更多的是"事后诸葛亮"，所以要从心态上去理解。一个人运气正好，好得不得了的时候，要自我清醒：一方面要知道好运气总会用光的，所以要慢点儿来，不要着急兑现所有的幸运；另一方面要知道自己运气好的时候，恰恰是其他人运气不好的时候，这个时候不要把事情做绝，得饶人处且饶人，等到运气反转的时候，让自己有退路。一个人霉运当头的时候，不要轻易放弃自己：一方面要告诫自己，如果不是有好运气悄悄在帮忙，可能比现在的情况还要恶劣；一方面要宽慰自己，一个人一旦走入谷底，只要还有勇气走下去，无论是哪个方向，都是向上爬坡了。

道家思想讲究自觉，无论是对自己、对家庭、对乡里、对邦国、对天下，都是要自我觉醒、自我认知，也包括自我引导。

真正的圣人，内敛而无害，虽然他的力量很强大，能量很充足，但是给人的感觉是很温暖、很柔和，就像冬日暖阳，母亲般温暖，母爱般包容，丝毫没有烈日灼人的感觉。

有一个词叫"气场"，描述一个人很出众，能压得住场面，镇得住众人。很多人会刻意去修炼自己的气场，也有一些所谓的课程教人去提升自己的气场。这其实是自卑和懦弱的表现，骨子里不自信的人才希望别人看到自己信心满满、气场强大，真正的强大是平时谦和低调，含蓄内敛，但是内心无比坚毅，只有在遇到重要的事情或紧急的关头，才会显示出他的刚毅与果敢。

第五十九章

[原文]

治人事天，莫若啬。

夫唯啬，是谓早服。早服谓之重积德，重积德则无不克，无不克则莫知其极，莫知其极，可以有国。有国之母，可以长久。是谓深根固柢，长生久视之道。

[释义]

治理百姓，祭祀天地，没有比爱惜精力更重要的了。爱惜精力，就是早做准备。早做准备就是不断积德，不断积德了就没有什么事情是不能完成的，没有什么事情是不能完成的就显示他的力量大到无法估量，他的力量大到无法估量了就可以治理一个国家了。掌握了治理国家的道理，就可以长久地维持。这就是根深蒂固、长久存在的道理。

[智慧]

"啬"，爱惜自己的精力。"啬"，不是对财物的吝啬，而是对自己精力的爱惜。一个人，精力有限，不轻易展现，不轻易使用，平时要像树木的根一样，深深地扎入泥土中。树木都是由泥土滋养的根开始生长的，长成参天大树之后，它的根已植于泥土之中，汲取营养滋润树木。

做人，无论有多少本事，一定要藏一些，不可轻易示人。有些本事可能终身用不上，或者没有机会展示，但是这种本事始终是一个人安身立命最后可以依赖的技能。

治理国家也是一样，不要把所有的精力全部释放，而是要收一些，让统治者始终有充沛的精力可以应对任何突发事件，让国家始终有充足的资源可以应付任何意外。

精力外耗，全部释放，就好像把一棵参天大树的树根刨出来晾晒一样，必然会精疲力竭，无法继续生存。

留点儿力气，留点余地，不至于筋疲力尽、弹尽粮绝，或许还可厚积薄发。有些人觉得股市很好，卖了房子借了债，把身家性命都投入进去，结果一轮熊市，血本无归，连活命都是一种奢侈了。还有些所谓孤注一掷的创业者，凭着热情和并不准确的分析，把全部现金、房产甚至父母、岳父母所有身家全部投入，感觉是带着全家人一起致富或者一起跳楼。上述赌博式投资或者自杀式创业，无论成败，都不值得效仿，因为都是无知且绝对自私的表现，为了自己所谓的成就感，让全家人衣食无着落，让孩子没有未来，让老人难以善终，最后妻离子散家徒四壁，这种人难道可以善终吗？

什么样的人最靠谱呢？就是你永远感觉不到他在发力，永远感觉不到他精疲力竭，但是他总是能做好很多事情，理顺很多关系，让周围的人都感觉他很有正能量，他的压箱底似乎总是有无尽的宝藏，他从不把自己的身家性命全都赌进去。

第六十章

治大国若烹小鲜。

以道莅天下，其鬼不神。非其鬼不神，其神不伤人；非其神不伤人，圣人亦不伤人。夫两不相伤，故德交归焉。

[释义]

治理大国就像煎小鱼一样。用道治理天下，鬼怪起不了作用。不是鬼怪不起作用，而是即便鬼怪起作用也不伤人；不但是鬼怪不伤人，圣人也不伤人。鬼怪和圣人都不伤人，功德恩泽就遍布天下了。

[智慧]

煎小鱼，不能反复翻来翻去，否则鱼肉就容易碎。治国也是一样，不能过分折腾，不然人心就会散掉。

我国的古代文化很有意思，就是各种文化互为表里，甚至看起来相冲突的文化也可以非常精妙且和谐地共存。比如孔子之后两千多年的士大夫阶层，他们是历朝历代的核心阶层和中坚力量，他们一方面顽强甚至执拗地坚守着孔子所有的教诲，信守"子不语乱力乱神"的信条，另一方面他们相信神秘的天道文化，相信鬼神，相信因果。读书人的群体大都熟悉儒释道三家哲学思想，他们以儒家思想磨砺臣节和做人的节操，以道家思想开解自己仕途不如意时的彷徨和迷茫，以佛家思想去澄清自己的灵魂，净化自己的烦躁和急切。两千多年来可以完美地把看起来冲突的思想体系和谐地叠加在自己的头脑中，而且可以让自己的行为充满符合各种价值判断的最高评价，一代一代完美地传承，自觉地延续文化，用生命去体悟各种哲学思想。

古代读书人就是相信孔子，也敬重鬼神，至少读书人不会诽谤鬼神，即便不信，也是敬而远之。从这个角度看，老子讲"以道治国，鬼神不伤"，就非常容易理解了。为何圣人不伤人？为何圣人与鬼神并列？在老子看来，不可见不可知的鬼神能够给百姓带来的伤害，与拥有生杀予夺大权的统治者能够给百姓带来的伤害，不分上下，甚至于鬼神之害远不如无道昏君带来的伤害。如果能够把治理国家当作煎小鱼一样小心谨慎，不折腾，那么鬼神不伤统治者，统治者不伤百姓，天下和谐。还有一层意思，就是鬼神不会主动伤人，都是人自己瞎折腾，招惹鬼神，才会招来伤害。事在人为，不要有什么不好的事情都嗔怪别人，甚至是嗔怪鬼神。因此，老子强调无为而治。

第六十一章

[原文]

大邦者下流。天下之交，天下之牝。牝常以静胜牡，以静为下。

故大国以下小国，则取小国；小国以下大国，则取大国。故或下以取，或下而取。大国不过欲兼畜人，小国不过欲入事人。夫两者各得其所欲，大者宜为下。

[释义]

大国要像处于江河的下流一样，处在天下交汇之处，处在天下雌柔的位置。雌柔以安定平静胜过雄强，那是因为安定平静甘心处于下位。大国对小国礼下谦和，就可以汇聚小国团结在自己的身边；小国对大国礼下谦和，就可以见容于大国。有时候大国谦和以团结小国，有时候小国谦和以见容于大国。大国不过是要团结小国，小国不过是要见容于大国。这样大国小国都各自实现了自己的愿望，大国尤其应该保持礼下谦和的态度。

[智慧]

我们倡导平等对待所有人，但我们不得不承认，人与人之间的游戏规则是由强者制定的，国与国之间的交往规则是由大国制定的。能否和谐相处，一般情况下，于个人而言取决于地位资历更强者，于国家而言取决于大国。

通常来说，如果大国肯摆出平等相处的姿态，小国一定会更加谦和地与大国相处，世界会处于和谐发展共同进步的良性循环中；反之，如果大国以掠夺剥削压榨为目标，欺凌弱小，那么小国在夹缝中求生存，或者团结起来进行对抗，或者依存其他大国，世界必然充满动荡与冲突。

水能下方成海。本身就占据优势的大国，如果能够降低姿态，包容小国，必然会像大海汇聚河流一样，团结更多的小国，形成利益共同体。

道理虽然简单，但是有些人就是不按照道理办事，以大欺小，肆意侵占他人利益。弱小者无法生存，以命相搏。有些国家更是恃强凌弱，狂妄自大，肆意掠夺他国资源，乃至战火纷飞，血流成河。

第六十二章

[原文]

道者，万物之奥。善人之宝，不善人之所保。

美言可以市，尊行可以加人。人之不善，何弃之有。故立天子，置三公，虽有拱璧以先驷马，不如坐进此道。

古之所以贵此道者何？不曰以求得，有罪以免邪？故为天下贵。

[释义]

道是万物的庇荫。善人的珍宝，不善之人赖以保全。美好的言辞可以用来进行社交，可贵的行为可以见重于人。不善之人，怎么能舍弃道呢？所以天下有天子，设置三公辅政，虽然有进奉拱璧和驷马出行等诸多礼仪，但是不如用道来治理自己的国家。古时候为什么如此看重道呢？难道不是有所求就能有所得，有罪过也可以免除的原因吗？所以道被天下所看重。

[智慧]

"奥"，在此处是包藏、庇护之意，表明道无所不容，可以包藏甚至庇护所有的物质世界。因为道无所不包，所以行善之人持之以为宝，即便是不善之人都可以因为行道而得以保全。

所谓"道不远人"，作为无所不容的道，不会挑选不同的人加以甄别，不会对待善人和不善之人有所不同，否则就不是"以万物为刍狗"

而一视同仁的道了。因此，道没有分别心，一旦有了分别心，也就不成其为道了。

"美言"和"尊行"，就是会说话、会做事。这样的人在社交场合很受欢迎，也会得到大家的认可。那些不会说话、不会做事的人，同样不会被道所抛弃，这就是包容。老子借此引喻：献以拱璧、乘以驷马而到处结交诸侯，不如安守天道，以清静无为的方式治理自己的国家。居于上位者如果能够认识到道的无所不容，就不会抛弃他治下的任何百姓，无论善恶，无论是否会说话、会做事，以不刻意、不妄为的方式，让百姓们自我发展，让国家在安静的环境中自然运行。百姓想要得到什么，就可以得到，百姓犯了过错，一个宽松而包容的国家给他们改过自新的机会，这比以贵重物品到处结交诸侯国有价值。

春秋战国时期，诸侯国彼此攻伐不断。苏秦挂六国相印，合纵抗秦；张仪相秦，以连横破合纵。在这个过程中，每一次合纵、每一次连横，无数人流离失所，无数生命消逝。大争之世，争的是什么，争的是人和土地，而用什么来争呢，还是人和土地。包括老子在内的很多思想家，思考的不是哪一个诸侯国的得失，而是天下的安宁。老子提出小国寡民、治大国如烹小鲜这些思想，让天下安守现状，不要瞎折腾，与其费尽心思外交和攻伐，不如以清静无为的方式让自己诸侯国的百姓过几天安稳日子。

或许，在当时战乱不断、流离失所而且一眼望不到头的日子里，老子根本不愿意去思考谁来统一这万里江山，谁来成为这天下主宰，他所能想到的，就是让当时的百姓少一些痛苦。这，或许就是大慈悲吧。

第六十三章

[原文]

为无为，事无事，味无味。

大小多少，报怨以德。图难于其易，为大于其细。天下难事必作于易，天下大事必作于细。是以圣人终不为大，故能成其大。

夫轻诺必寡信，多易必多难。是以圣人犹难之，故终无难矣。

[释义]

以无为的态度去作为，以无事的方式去做事，以恬淡无味当作滋味。大生于小，多生于少，用德行来回报怨恨。处理困难的事情要从容易之处入手，做大事要从细微之处着手。天下困难之事必定要从容易的做起，天下大事必定要从细微处做起。因此圣人始终不自以为大，所以才能成就他的伟大。轻易允诺的事情一定会失信，把事情看得太容易一定会出现很多困难。所以圣人总是把事情看得很困难，最终就不会有困难。

[智慧]

"味无味"，强调以"无味"为"味"。统治者清心寡欲，不贪图国内百姓的利益，不妄求其他诸侯国的土地和人民，以恬淡无为的方式去治理国家。

"大小多少"，强调"以小成大、以少成多"。国家再多的财富也是一两银子一两银子积攒起来的。但是，当时统治者不安现状，不愿意自然发展逐步累积，而是想通过战争快速攫取财富，即土地和人口，"一夜暴富"。庄子直接说"窃钩者诛，窃国者诸侯"，都是"窃"，只是"窃"的东西大小多少不一样而产生了不同的表象而已。

"报怨以德"，老子主张无为、包容、自然生长，所以对于别人的加害采取包容忍耐的态度。此与儒家不同。

"天下难事必作于易，天下大事必作于细"，想要成就大事，先从小事做起，想要克难攻坚，先从容易的事情做起，也是劝告统治者不要急功近利，要有耐心，凡事一步一步来。"一夜暴富"的思想往往造成"不走寻常路"，事实上，"眼见他起高楼，眼见他宴宾客，眼见他楼塌了"，昙花一现，黄粱一梦，那种痛苦才是真苦。

袁隆平想用水稻改良技术解决中国人吃不饱饭的问题，几十年如一日待在稻田里，每一粒粮食、每一寸黑土地他都仔细看过、摸过，最终功成名就。他留给世人四个字：脚踏实地。

"轻诺必寡信"，说的人轻易答应别人的要求，然后拖延，最后食言了，这样的人不值得信赖，也不值得交往。我们中国人历来讲究"一诺千金"，每一次承诺之前，一定要认真衡量自己的能力，要给彼此留些余地，不要把自己的能力估算得太满。一旦承诺，就要全力以赴实践诺言。

"多易必多难"，前面把事情看得多么容易，后面就可能面对巨大的困难，因为对事情的认识不足、判断有误。"说大话"的后果，就是"收拾烂摊子"。

还在念书的孩子，现在你吃多少苦，以后的快乐会加倍还给你；现在你享多少福，以后生活会加倍要回去。现在有"多难"，以后就会有"多易"，反之，现在有"多易"，以后必定会"多难"。因此，早吃苦，多吃苦，对人的成长有益。

第六十四章

[原文]

其安易持，其未兆易谋，其脆易泮，其微易散。为之于未有，治之于未乱。

合抱之木，生于毫末；九层之台，起于累土；千里之行，始于足下。

为者败之，执者失之。是以圣人无为，故无败；无执，故无失。

民之从事，常于几成而败之。慎终如始，则无败事。

是以圣人欲不欲，不贵难得之货；学不学，复众人之所过。以辅万物之自然，而不敢为。

[释义]

局面安稳的时候容易维持，变化没有发生的时候容易谋划，脆弱的事物容易破开，细小的事物容易离散。要在事情没有发生的时候做好准备，要在祸乱没有产生之前就处理好。合抱的大树，是从幼小的芽长来的；九层的高台，是一筐筐土垒起来的；远行千里，是从脚下举步走出来的。强行作为，固执己见，就会失败。所以圣人顺其自然，不刻意作为，不固执己见，就不会失败。人们做事情，经常在快要成功的时候就失败了。做事情，开始就要谨慎，一直谨慎到最后，就不会失败了。因此，圣人追求别人不追求的，不看重难得的珍宝；学习别人不学的知识，补救众人的过失。圣人所作所为，辅助万物自然生长，不敢妄为。

[智慧]

"为之于未有，治之于未乱"，这就是"不治已病治未病"。刚刚出现机理不顺而未形成器质性破坏的疾病，此时容易治愈；等到形成器质性破坏，并进入脏腑，就很难治愈了。

防患于未然，是最简单也是最有效的，事后补救不如未雨绸缪。老子告诫执政者，不要以为百姓不发出声音就是他们满意，敌国不进攻就表示他们愿意和平。睿智的人知道，在危险尚未发生的时候备好应对措施，在弊端尚未显现的时候先检查漏洞。

参天大树是从小树苗一寸一尺长起来的，再高的台子也是一筐土一筐土累积起来的。千里之行，始于足下。老子主张未雨绸缪，主张循序渐进。

还是那个观点：做事情不能着急，成才更不能着急。大家知道从种子到树苗到小树到大树的过程，但就是有很多人不愿意自己也要这样一步一步来，而是寄希望于一夜之间完成从种子到大树的巨变。人的贪逸会让人变得愚昧。

为什么很多事情都会功亏一篑？因为无法做到"慎终如始"。人们习惯于按照熟悉的节奏做事情，并理所当然地认为舒适区不需要改变。有慧根的人，是懂得善始善终，懂得顺其自然，懂得补位的。

第（六）（十）（五）章

[原文]

古之善为道者，非以明民，将以愚之。

民之难治，以其智多。故以智治国，国之贼；不以智治国，国之福。

知此两者，亦稽式。常知稽式，是谓玄德。玄德深矣，远矣，与物反矣，然后乃至大顺。

[释义]

古代善于按照天地之道治理国家的，不是要让百姓过分精明，而是要让百姓变得淳朴。百姓之所以难以治理，是因为他们心机太多。所以用智巧治理国家，是国家的灾祸；不用智巧治理国家，是国家的福祉。认识到这两种差别，就是治理国家的法则。守得住这个法则，就是最高的德行。德行很深、很远，与万物皆返回到道的轨迹上，然后天下才能得到最大的和顺。

[智慧]

老子阐述的这一观点，孔子也表达过："民可使由之，不可使知之"。

类似的"愚民"思想，历史上曾经引起人们的反对，现实中多数人主张"民本"思想。

越是高深的道理，越是容易明白，但往往越是容易被大多数人所忽视甚至反对。大众是睿智的，还是愚昧的？真理是掌握在极少数人手中，还是在大多数人手中？

会看的看名堂。能看明白就看，看成什么样就是什么样，看到多少就是多少，不懂不理解反对的就不懂不理解反对吧。

第六十六章

[原文]

江海所以能为百谷王者，以其善下之，故能为百谷王。

是以欲上民，必以言下之；欲先民，必以身后之。是以圣人处上而民不重，处前而民不害，是以天下乐推而不厌。以其不争，故天下莫能与之争。

[释义]

江海之所以可以成为河流汇合之所，是因为江海处在低下的位置。所以想要领导百姓，必须对百姓谦和；想要统治百姓，必须把自己的利益放在百姓的后面。圣人这样治理百姓，虽然居于上位而百姓感觉不到负担，利益在百姓之先而百姓没有觉得受到了伤害，天下的百姓乐于拥戴他而不会厌弃。因为圣人不与人争，所以天下没有人能与他争。

[智慧]

这一章仍以水讲道。

水能下方成海，因为大海不惮于身居下流，所以才能汇聚天下的江河湖泊，成为"百谷王"。这正是第八章讲"上善若水。水善利万物而不争，处众人之所恶，故几于道"的道理。

圣人治理天下，谦谦君子、礼贤下士，用谦和柔顺的方式对待百姓。居于上位者肯低下头，把自己摆在比被治理的百姓还低的位置，百姓自然拥护爱戴。这样的统治者即便地位再高，百姓也不会觉得是负担，反而会非常支持。圣人把自己的利益放在后面，不是不顾自己的利益，也不是放弃自己的利益，而是优先考虑百姓的利益。如此一来，即便是居于上位者后来占据了再多的利益，百姓也不会觉得有什么不对，更不会觉得上位者的这些利益是损害了自己的利益得来的。这正是第七章讲"是以圣人后其身而身先，外其身而身存"的道理。

天下人都乐于推举他做统治者的时候，即便他不争，天下又有谁能争得过他呢？这正是第二十二章讲"夫唯不争，故天下莫能与之争"的道理。

第六十七章

天下皆谓我道大，似不肖。夫唯大，故似不肖。若肖，久矣其细也夫。

我有三宝，持而保之。一曰慈，二曰俭，三曰不敢为天下先。慈，故能勇；俭，故能广；不敢为天下先，故能成器长。

今舍慈且勇，舍俭且广，舍后且先，死矣！

夫慈，以战则胜，以守则固，天将救之，以慈卫之。

［释义］

天下人都对我说道很广大，但却不像任何具象的东西。正是因为道很广大，所以才不会像任何具体的事物。如果像某些具体的事物，早就渺小了。我有三件法宝，持守而保全着。第一叫慈爱，第二叫节俭，第三叫不敢居天下人的前面。慈爱，所以才能勇敢；节俭，所以才能积累财富；不敢居天下人的前面，所以才能成为天下的统治者。如今舍弃慈爱而一味地猛冲，舍弃节俭而贪求财富，舍弃退让而争先，这是找死啊。慈爱，用来征战就能取胜，用来防守就能巩固防卫，老天要救谁，就用慈爱护卫他。

［智慧］

三件法宝，"慈爱""节俭"容易理解，"不敢为天下先"很重要。

低调、内敛、谦和一直是中国人的传统特征。很多俗语也告诫人们不要太出风头，如"出头的椽子先烂""木秀于林，风必摧之"，做人不能太高调。儒家主张努力学习、自我修养，进入士大夫官僚阶层，积极做事，多为百姓谋福祉，但也并不含有"高调做事"的思想。

这个思想到底对不对，不能一概而论。人不同，背景不同，时期不同，这句话的作用可能会大不相同。中国文化就是这样，不是模棱两可，而是外圆内方，在有底线有原则的基础上，给各种情况留足转圜的空间。大体来说，中国人不愿意出头，更不愿意强出头。我们的文化中，做人要低调谦逊。

当然，低调、内敛、谦和也要讲实力，否则落后就要挨打；低调、内敛、谦和也要讲地方，因为不是所有的事情都值得争先。争与不争，哪些争哪些不争，这也是智慧。

按照老子的逻辑，心中怀有慈爱之心的人，必然不会轻易干涉天下百姓以及万事万物的自然化育，而会尽量营造一种自然生长的环境，让百姓觉得"我自然"。一旦有人干预破坏这种自然环境，居于上位者必然以强有力的方式予以还击，护卫天下自然发展的勇气，便是来源于慈爱天下的无为之道。换一个角度说，居于上位本就可以对天下予取予求，然而能放弃私欲，不妄为，不作伪，让天下百姓自我化育，这份勇气，已经无比之大了。取得需要勇气，舍弃有时候需要更大的勇气。

所以老天爷爱护谁，就会用慈爱去保护他。也就是给这个人以慈爱之心，让他能够维护天下万物自然化育，万物皆自然，他自己也会得到最好的福报。

以上三个法宝，说的其实就是"不争"：不与人争利，不与人争先，不与天下人争名，即"无为"。

第六十八章

[原文]

善为士者，不武；善战者，不怒；善胜敌者，不与；善用人者，为之下。是谓不争之德，是谓用人之力，是谓配天，古之极也。

[释义]

善于统帅士卒的人，不逞匹夫之勇；善于征战的人，不轻易动怒；善于战胜敌人的人，不轻易与敌人交战；善于用人的人，对人谦和。这就是不争的德行，这就是善于用人的能力，这就是符合天道，这就是古代最高的法则。

[智慧]

不武、不怒、不与，其前提是这个人本身具备武、怒、与的能力，但是尚克制。这样的人，都能克制，何况那些不如他们的人呢？这是告诫：做人不要逞强，不要嗜杀。

春秋时期，诸侯国互相征伐，战事越来越频繁，能臣名将辈出，而这些人之所以可以扬名立万，其根本原因在于多杀。多杀即多功，多功即多名，这个路径让很多人脱颖而出，成为时代的佼佼者。而这些佼佼者的脚下一定踩着越来越多的尸骨，其身后是越来越多的人无家可归，越来越多的田地荒芜废弃，而越来越多的君主更加贪婪、更加残暴。

在这个背景下，老子寄希望于自己的思想可以在一定程度上制止滥杀、嗜杀。让能者适可而止，不能者不要逞强为之。他宣告：如果能够实现不争，那将是最符合天道的行为，天下将会大治。

第六十九章

[原文]

用兵有言：吾不敢为主，而为客；不敢进寸，而退尺。是谓行无行，攘无臂，扔无敌，执无兵。

祸莫大于轻敌，轻敌几丧吾宝。

故抗兵相若，哀者胜矣。

[释义]

用兵之人曾经说："我不敢主动进攻，而要被动防守；我不敢前进一寸，而宁愿后退一尺。"这就是说，有阵势却像没有阵势可摆，挥臂却像没有胳臂可挥，持兵器却像没有持兵器。灾祸没有比轻敌更大的了，轻敌几乎丧失了我的三件法宝。因此，两军实力相当的时候，被侵略而感到悲哀、心生慈爱的一方会获胜。

[智慧]

"吾宝"，指第六十七章老子所说的"三宝"：慈、俭、不敢为天下先。

老子说，哀兵必胜。在实力相当的情况下，情绪悲哀的一方容易获胜。为什么呢？通常来说，主动发动战争的人情绪不会悲哀，而被侵略的一方，容易同仇敌忾，容易获得胜利。

老子反战，不过反战并不能止战，只要利益还存在，只要贪婪还存在，战争就不会停止。老子在反战的前提下，劝诚掌握战争主动权的统治者们，要重视战争，不用轻易启动。因为主动发起进攻的一方，通常不会获胜，而被进攻的一方会"哀兵必胜"。如果这种思想被广泛认可，自然会减少很多的战争。

轻敌的人，轻易发动战争，会让很多人丧命，无论对方还是己方，这样还何谈慈爱呢？人都减少了，还如何积累财富呢？俭也就无从谈起了。先发动战争的一方，就是"敢为天下先"。这三点恰恰是老子认为可以自保长久的"三宝"，主动发起战争的人会丧失这"三宝"的。

第七十章

[原文]

吾言甚易知，甚易行，天下莫能知，莫能行。

言有宗，事有君。夫唯无知，是以不我知。

知我者希，则我者贵，是以圣人被褐怀玉。

[释义]

我说的话非常容易理解，非常容易做到，但是天下没人能够理解，没人能够做到。说话有根据，做事有主旨。正是因为天下人不知道这个道理，所以不了解我。了解我的人很少，按照我说的道理去做的人就更难得了，所以圣人穿着粗布衣服但是怀中藏着宝玉。

[智慧]

老子的思想核心就是少私寡欲，尊崇自然之道，回归到婴孩时期没有不必要的物质欲念的状态。凡是符合天地自然运行规律的，就是老子推崇的。这个道理非常简单，谁都能明白，但是鲜有人能做得到，为什么呢？放不下物质的欲望与执念。

随着人的成长，功名利禄会越来越成为人不可突破不可逾越的围栏，人就像自我囚禁一般，将自己本来可以颐养天年的宝贵生命投入这围栏之中争名逐利。在老子看来，这种行为违背了人的天性，损害了人的生命，是无道的。所以老子主张无为，就是不刻意作为，不妄为，不瞎折腾。道家思想演化到后来，一个核心理念便是"贵生"，也就是把生命看得至高无上，珍惜爱护自己的生命和别人的生命。如何珍惜爱护生命？重要的一点就是减少贪欲，减少执念，减少对物质世界无休止索取。

世上的道理千千万，如果能领悟一二加以践行，人谁无道？可惜的就是，道理很多，人却弃之如敝屣，而执着于自己眼前的妄念，直到无路可走也无路可退，才知道什么才是最重要的、什么才是最值得珍惜的。

其实，与生命、健康、家人比起来，任何功名利禄都显得如此渺小，微不足道。

圣人看起来穿着粗布衣服，可是他怀中揣着宝玉，那宝玉便是道。得道的人，不会太在意物质世界的装饰作用，而在意自己身体的健康和心灵的快乐。

道理很简单，不愿意理解，也不愿意力行，究其原因，还是放不下身外之物。

行道之难，不在"知道"，而在"做到"。

第七十一章

[原文]

知不知，尚矣；不知知，病也。圣人不病，以其病病。夫唯病病，是以不病。

[释义]

知道自己有所不知，是最好的；明明不知道却以为自己知道，是缺点。圣人没有缺点，是因为圣人把缺点当作缺点看。正是因为把缺点当作缺点，所以没有缺点。

[智慧]

人最难的就是自知。人可以很容易看到别人的缺点，很容易找到别人该如何改正，但是往往看不见自己的缺点，永远不知道该如何改正自己的不足。

更有甚者，明明不知道，却以为自己知道。这是一种妄念，妄念是一种病。

人能够始终对自己保持警觉，随时感知到自己的不足，这才是真正自知、真正对自己负责的态度。孔子说"知之为知之，不知为不知，是知也"，也是在讲自知之明的道理。

第七十二章

民不畏威，则大威至。

无狎其所居，无厌其所生。夫唯不厌，是以不厌。

是以圣人自知，不自见；自爱，不自贵。故去彼取此。

[释义]

百姓如果不畏惧统治者的暴力统治，那么更大的暴力将会到来。不要掠夺百姓的居所，不要压榨百姓的生活。正是因为不压迫百姓的生活，百姓才不会厌恶统治者。因此，圣人有自知之明而不会刻意自我表现，但求自爱而不会表现娇贵，取舍分明。

[智慧]

统治者刚开始采取暴力或者重压去压榨百姓的时候，百姓肯定会害怕、恐惧，然后屈服。可是当这种重压超越了一定限度，百姓已经不堪重负的时候，反正都是一死，百姓反而就不害怕这种暴力的统治方式了，他们会以更大的暴力来推翻统治者。这和后面第七十四章讲的"民不畏死，奈何以死惧之"是一个道理。

不要压榨百姓，不要逼迫百姓，以暴力鱼肉百姓，必将被百姓的暴力所推翻。这就是老子告诫当时的诸侯国君主的。

　　圣人讲究自知、自爱。居上位者应该非常清楚，给百姓空间，就是给自己空间；给百姓活路，就是给自己活路；让百姓自然成长、顺其发展，就是给自己长久统治夯实基础。

第七十三章

[原文]

勇于敢则杀，勇于不敢则活。此两者，或利或害。天之所恶，孰知其故？是以圣人犹难之。

天之道，不争而善胜，不言而善应，不召而自来，繟然而善谋。天网恢恢，疏而不失。

[释义]

勇于坚强就会丧命，勇于柔弱就会存活。这两种勇敢，有的有利，有的有害。上天所厌恶的，谁知道原因呢？所以圣人也觉得很难抉择。自然之道，不争但是善于取胜，不说但是善于回应，不召唤但是自动到来，坦然平和但是善于谋断。自然之网广大无边，虽然很稀疏但是无所遗漏。

[智慧]

"敢"，坚强。"勇于敢则杀，勇于不敢则活"，这句话的意思与后面第七十六章"坚强者死之徒，柔弱者生之徒"含义相同，都是指刚者易折断，刚强者容易陷入死地，而柔者不易折，柔弱者更容易活下去。

冲锋陷阵，不怕死，固然是勇士，但不会是善于谋断的将军。孔子也说"暴虎冯河，死而无悔者，吾不与也"。战争需要勇士，但更需要能够谋定而后动的统帅。

历史上记载，管仲在打仗的时候，遇到胜利他就带头向前冲，遇到战败他就最早往回跑，看起来毫无勇气可言；辅佐公子纠争夺齐国君位失败，公子纠被杀，召忽尽忠自杀，管仲却苟且偷生活了下来，看起来不够忠诚。但是就是这一系列看起来怕死的懦弱行径，最终让管仲活着来到了齐桓公身边，君臣孜孜不倦四十年，开创了春秋五霸辉煌的历史。如果管仲在战场上逞一勇之夫，或者为公子纠尽愚忠自杀，历史上焉有开创春秋战国百家争鸣的管子思想？从这个角度看，死是勇敢，还是活是勇敢？死与活哪个更勇敢呢？值得深思。

自然之道就像是一张大网，大到无边无际，足以包容所有有形的物质世界和无形的虚空存在。自然之道看起来没有压迫感，是因为他无形，看似不存在，网格还很稀疏，但是没有什么能够遗漏出去。

自然不争、不说，坦然、宁静，所以自然可以孕育万物并让万物和谐共存。人符合自然之道的行为，莫过于少一些欲望，不妄为。

第七十四章

[原文]

民不畏死，奈何以死惧之。若使民常畏死，而为奇者，吾得执而杀之，孰敢？

常有司杀者杀，夫代司杀者杀，是谓代大匠斫。夫代大匠斫者，希有不伤其手矣。

[释义]

人民不畏惧死亡，为什么要用死亡威胁人民呢？若要让人民畏惧死亡，有敢于为非作歹的人，我们就把他抓起来杀掉，谁还敢作恶呢？杀人这种事本来是有专门的人来执行，而代替专职杀人的人去执行杀人的任务，就好像代替木匠去砍斫木头一样。代替木匠砍斫木头，很少有不伤到手的。

[智慧]

如果刑罚不公平，或者统治者滥杀，那么百姓不知道什么行为会被处罚，什么行为不会被处罚。混乱的刑罚制度会让百姓无所适从，不受限制的权力会让百姓产生莫名的恐惧，这种状态持续下去，百姓对于国家的法令完全没有信任，觉得自己可能在完全不受控的情况下就被滥杀，那么百姓就会不再畏惧死亡，而是揭竿而起，推翻这个混乱的秩序。

　　统治者一定要按照规则来决定百姓的生死，而不是按照自己的意志来随意处置百姓。对于真正做了坏事而影响到百姓整体安全的人，依照法令杀掉他们，让百姓知道国家法令禁止什么行为、鼓励什么行为、允许什么行为。有法可依，百姓才会信服统治者的治理政策。

　　剥夺百姓生命的法令，是统治者基于军事力量和行政权力决定的吗？老子认为，剥夺百姓生命是头等大事，这个权力属于自然之道。只有老天可以有权力杀人，而作为老天选出代理老天治理天下的天子及其官僚集团，只是按照天道的原则为百姓营造一个符合自然之道的社会环境，没有权力剥夺百姓的生命。决定刑杀与否的判断标准，不是维护统治者一己私利的法律法令，而是天道，天道即符合最多民众集体利益的价值标准。

　　统治者擅自刑杀百姓，最后一定会伤人伤己，就像非木匠要做木匠活，刀斧斫具一定会伤到自己的。

　　"天道刑民"，这是老子对于法令的思想基础，这符合老子"无为而治"的基本思想。

第七十五章

[原文]

民之饥，以其上食税之多，是以饥。

民之难治，以其上之有为，是以难治。

民之轻死，以其上求生之厚，是以轻死。

夫唯无以生为者，是贤于贵生。

[释义]

人民之所以饥饿，是因为上缴统治者的税赋太多。人民之所以难以治理，是因为统治者强作妄为。人民之所以轻视死亡，是因为统治者奉养自己丰厚奢侈。只有清净恬淡的人，才能胜于奉养丰厚奢侈。

[智慧]

百姓为什么穷苦、饥饿，那是因为统治者掠夺得太多了。统治者为了让自己舒适，穷奢极欲，甚至"以全国之力奉一人"，把天下当作皇帝的私人金库了。皇帝贪婪，他身边的官员们必定变本加厉，打着皇帝的幌子要某某物，大肆搜刮盘剥，百姓哪里还有活路？

谁不愿意活着？哪有几个人天生不畏惧死亡的？百姓之所以轻视死亡，那是因为皇帝和他的走狗爪牙们逼得百姓生不如死。"普天之下，莫非王土"，历来皇帝以天下为私人财富，万历皇帝还真的要把天下装到自己的后宫小金库里：他喜欢各种奇珍异宝，喜欢各种财富，喜欢黄金，喜欢银子，喜欢所有值钱的东西，于是他派出了很多官员和太监，到全国各地帮他搜刮百姓的钱财，挖煤、挖矿、煮海制盐，不但折腾人还折腾大自然，然后把这些财富都搬到自己的库房里，他亲自守着。也许在万历皇帝看来，银子一定要攥在自己手里，才是自己的，普天之下太大了，摸不着的银子就不是自己的。他玩命地搜刮，巧立名目地收税，甚至明抢明夺，那他派出去的鹰犬走狗还能只干活不收工钱吗？皇帝抢一两银子，他们就敢给自己的兜里装上十两、百两银子。天下汹汹，百姓怎么经得起毫无节制、毫无底线地搜刮呢，无休无止，无穷无尽，百姓成了皇帝和他的走狗们的奴才，他们活着似乎只是为了还皇帝的债。这样的皇帝在位四十八年，约半个世纪呀，百姓还会信任这个皇帝吗？百姓还会支持这个朝廷吗？正是因为万历年间百姓就已经放弃了所谓的大明王朝，那么无论是李自成、张献忠、多尔衮还是其他什么人，对于明朝的百姓来说都不重要，百姓不一定支持他们造反，但百姓一定不会为了明朝而殉国：因为不值得。统治者的贪婪，必然导致王朝的覆灭。从这个角度来说，谁最后接班，明朝都会灭亡。

统治者少私寡欲，与民休息，其实最终受益的，是统治者自己。

第七十六章

[原文]

人之生也柔弱，其死也坚强。

万物草木之生也柔脆，其死也枯槁。

故坚强者死之徒，柔弱者生之徒。

是以兵强则灭，木强则折。

强大处下，柔弱处上。

[释义]

人活着的时候身体柔软，死了之后身体僵硬。草木活着的时候形体柔弱，死了之后就枯萎。坚硬的东西属于死亡一类，柔弱的东西是属于活着的一类。因此，武力强大会导致灭亡，树木强硬就会被砍伐，强大的事物居于下位，柔弱的事物居于上位。

[智慧]

柔弱胜刚强，这已经是老子反复讲述的道理了。贵柔戒刚，这是老子的一个重要思想。凡事学会柔顺一些处理，比强硬强扭效果要好得多。

[原文]

天之道，其犹张弓与！高者抑之，下者举之；有余者损之，不足者补之。

天之道，损有余而补不足。人之道则不然，损不足以奉有余。

孰能有余以奉天下？唯有道者。

是以圣人为而不恃，功成而不处，其不欲见贤。

[释义]

天道，就像拉弓一样啊！弦位高了，就把它压低一些；弦位低了，就把它升高一些；有富余的可以减少，不够的加以补充。天道，就是减少有富余的而弥补不足的。人间的行径却不一样，本来已经不足还是要减少，而让本已经富余的更加富有。谁能把富余的财富用来供养天下不足的人呢？只有得道之人。所以圣人化育万物但是不恃功，取得成就但是不自居，圣人并不想表现自己的聪明才干。

[智慧]

自然之道，就是天道，平衡天地间的万物生存状态，既不会特别偏向某物，也不会特别苛刻某人。对于无法生存的，天道一定让他有所补益，以维持其生存状态；对于可以生存且有富余的，天道一定会加以减损，以弥补他人的生存所需。虽然说"天地不仁，以万物为刍狗"，但是天地之间的平衡状态还是要加以维持的，就是不能让一部分物质因为无法生存而消灭，也不会让一部分物质因为过度富余而浪费。所有的匮乏都会以某种方式进行补偿，所有的富余都会以某种方式进行减损。

"损不足以奉有余"，这是人道，是人世间真实的生存状态，不符合天道，但是确实在一定期限和范围内会呈现出来。何以会有不足还继续减损，而去贴补本就不再需要的富余状态呢？这就是趋炎附势在作祟。越是居于上位者，越是有很多人希望可以巴结，所以会有更多的资源输给他；越是居于下位者，因为没有资源可以被利用，越是会被漠视甚至被剥夺，让他的生存状态雪上加霜。这就驱使人想往上爬。

"损不足以奉有余"之人道不符合天道，所以一定是有限时间和空间内存在的。古代富可敌国的商贾巨富从来不匮乏，可是哪一家哪一族可以延续下来呢？甚至于传承几代都做不到。官员更是如此。汉代有世家，魏晋有大族，到了唐朝，因为黄巢战乱，世家大族基本上被连根拔起，诛杀殆尽；北宋读书人与皇帝共治天下，尚有大官，到了南宋，这种共治局面被废除，皇帝的绝对统治空前加强；明清两代，所有臣民趴在皇帝脚下，卑微如尘埃一般的奴才。所有的"损不足"都只是局部的、阶段性的，不可持续，"奉有余"的结果就是在某天被重新洗牌。

天道才可以持续，"损有余而补不足"才是历史发展的主流。真正有道的统治者，可以看得出历史长期发展的规律，符合天道的规律去行事，才能够"有余以奉天下"。如果统治者不肯按照天道的规律去治理天下，那么天道自然会按照自己的运行规律去更换统治者。

"天行有常，不为尧存，不为桀亡"，老天的运行不会以任何统治者的意志为转移，更不会因为存在趋炎附势的官员而更改。

在老子看来，统治者可以选择的路径只有两个：符合天道，长治久安；违背天道，为天所弃。

第七十八章

[原文]

天下莫柔弱于水，而攻坚强者莫之能胜，其无以易之。

弱之胜强，柔之胜刚，天下莫不知，莫能行。

是以圣人云：受国之垢，是谓社稷主；受国不祥，是为天下王。正言若反。

[释义]

天下的万物没有比水更柔弱的，但是冲击坚硬的东西没有能胜过水的，因为没有什么能够替代它。弱者可以战胜强者，柔者可以战胜刚者，天下没有人不知道，但是没有人能施行。所以圣人说："能够承担国家的屈辱，才能成为国家的君主；能够化解国家的灾害，才有资格做天下的君王。"正话却好像反着说。

[智慧]

从第八章"上善若水"开始，老子不停地用水的柔弱但无坚不摧的性质来比喻道的无所不包、无所不容。柔弱胜刚强，也是反复论述。只是天下莫不知，天下莫能行。

老子说"大音希声"，最广大的声音却好像听不到一样。老子"贵言"，他对所处的时代失望与不满，不愿意委身于任何君主，也不愿意被浊世羁绊，所以驾青牛出函谷关而去。

可是就是这样"贵言"之人，仍然给后人留下了这洋洋洒洒五千余字的《道德经》，而且反反复复强调"上善若水""柔弱胜刚强"这样的道理。他可以不说，可以不反复说，但是他自己也没有做到"圣人不仁，以百姓为刍狗"，他还是想解救尘世之人脱离心中魔障：欲念之妄与执念之苦。可惜能明白的不多，能做到的更是罕有。

第七十九章

和大怨，必有余怨，报怨以德，安可以为善？

是以圣人执左契，而不责于人。有德司契，无德司彻。

天道无亲，常与善人。

[释义]

调解深重的怨恨，必然还有留存的怨恨，用德行来报答怨恨，这怎么能算是为善呢？所以圣人保存着讨债的凭证，但是不会讨债。有德行的人就像掌管着讨债凭证那样富有，无德行的人就像负责收税的人一样苛求。天道是没有偏爱的，经常和善人在一起。

[智慧]

"和大怨"，调和很重的怨恨。

"报怨以德，安可以为善"，这似乎和老子一贯的主张"以德报怨"不一致，但这句话不是老子在批评或者质疑"以德报怨"的思想。老子觉得从一开始就不应该和人结怨，否则怨恨太大，即便是进行了调解，也不可能彻底放下怨念。即便是用善心德行去化解，也不会彻底根除，这种行为还是没有意义。

古时候订立契约，刻木为信，剖开为左右两个部分，债权人持有左边的部分，作为日后讨债的凭证，因此叫"左契"。老子讲，一开始就不要与人结怨，不要等到怨恨生成了再想办法用德行去化解。就好像即便拿着债权文书，也不会去讨债一样，得道的人根本就不会和人结怨。

"司契"就是掌管债权文书的官员，即便可以因为避免结怨而放弃讨债，但是这个权利还是始终存在的，所以老子认为掌管债权文书的人相比较而言是富有的；"司彻"就是掌管税收的官员，因为每天做的事情是替皇帝收税，不管结怨与否，他都没有权利放弃债权，因此只能苛求百姓，身不由己地遭人怨恨，而且即便怨念满身，收到的税也都是皇帝的。

老天喜欢帮助善良的人，既是天助，也是自助，因为老子所说的善人就是从来不会主动和别人结怨的人。

这一章其实是告诫人们，无论是国君还是个人，不要为了私利与人结怨，在怨恨越来越深重的时候，再想办法去调和、调解，甚至于愿意做出以德报怨的姿态。符合天道的做法就是，从一开始就不要为了私利去招惹怨恨。

比如不要过度盘剥百姓，满足国君的穷奢极欲，等到百姓彻底放弃了国君，到处揭竿而起的时候，即便是国君摆出一副既往不咎、许愿封官等看起来以德报怨的行为，但是曾经的怨恨也不可能彻底化解。

老子认为，人，要保留善念，多做善事，为自己，也为后人。

第八十章

小国寡民，使有什伯之器而不用，使民重死而不远徙。虽有舟舆，无所乘之；虽有甲兵，无所陈之；使人复结绳而用之。

甘其食，美其服，安其居，乐其俗。邻国相望，鸡犬之声相闻，民至老死不相往来。

[释义]

诸侯国都保持土地狭小人民稀少，有十倍百倍的器械却不使用，人民重视死亡而不愿意远行去其他地方生活。虽然有船和车，但是没有机会乘坐；虽然有武器军队，却没有机会摆出来；百姓重新过上质朴的生活。百姓享受他们能获得的美食，以他们能穿上的服装为美，安心地居住在他们自己的房子里，安享其故土的习俗。相邻的国家互相能看得到，鸡鸣狗叫的声音能听得到，百姓彼此之间终生都没有交往。

[智慧]

在春秋末期，老子建立了"小国寡民"的思想，他力图让诸侯国君主们明白，地少人稀的国家更有利于统治，不要为了扩大领土、抢占人口而发动战争。

在老子看来，统治者给百姓营造一个不离故土的生存环境，百姓们没有需要离开故土而去其他地方谋生，大家都安守现状，社会自然和谐，天下自然太平无事。

老子是用结绳记事来比喻百姓回归到与世无争的平和时代。

不一定真的有美食，而是百姓觉得自己吃得很好；不一定穿得很华美，百姓觉得自己穿得很美；不一定住得很好，百姓觉得自己住得很舒适；不一定其民俗很和谐，百姓觉得习惯并喜欢自己家乡的习俗。因此，不是要统治者一定给百姓提供美味佳肴、精美华服、奢华房屋、高雅环境，而只是营造一种不争的环境，让百姓安于现状。

百姓不与外邦交往，而是限定在自己的生存环境之中，无欲无求，生生死死，代代传承。减少交流，就降低了互相攀比的机会，就降低了人的欲望，也就减少了竞争，不会因为拓展了眼界或者结识了居于上位者而动心起念，从而也就减少了动用机巧争利虐民的机会。

总结一下，老子对诸侯国的理想设计就是：统治者不要妄为，不要为了私利争夺土地和人口；百姓安于现状，不要因为见多识广而心生欲念；诸侯国虽然地小民稀但是彼此都相安无事；为了防止个别诸侯国君主破坏天下和平的环境，还是要有必需的武装力量彼此制衡。若如此，天下太平。

大同社会，有很多种描述，但各种思想的共性都有一点，就是不争。

第八十一章

[原文]

信言不美，美言不信。

善者不辩，辩者不善。

知者不博，博者不知。

圣人不积，既以为人，己愈有；既以与人，己愈多。

天之道，利而不害。圣人之道，为而不争。

[释义]

真实的言辞不华美，华美的言辞不真实。善良之人不善于辩解，善于辩解之人不善良。有智慧的人不会太广博，广博的人没有智慧。圣人不会在意积攒自己的私利，他更重视帮助别人，自己反而更加充盈；他更重视给予别人，自己反而更加富有。天道是有利于万物而无害。圣人之道，是帮助别人而不争。

[智慧]

在对待巧舌如簧、花言巧语的态度上，老子和孔子出奇地一致，孔子说"巧言令色，鲜矣仁"，个中缘由，就是把心思机巧都用在夸夸其谈上，让别人听得心花怒放，但是"轻诺必寡信"，而用心做事的人，往往没有多余的精力去修饰自己的言辞，听起来也许枯燥，但是这样的人往往务实，更可信赖。

真正内心善良的人，重视自己行为的自我评价，也就是说，他更在意自己的行为是否符合自己设定的价值观。基于这一点，善良的人有比较高的自我评价标准和修正能力，他无须向别人去解释自己的行为或者标准，因为大部分人理解不了也无法感同身受。所以，花费精力向无关的人去喋喋不休地解释自己行为合理的人，内心不会太善良，更不会强大；而善良的人，只要他自己努力践行自己与人为善的行为准则就可以了，无须向别人解释。一个人做事情，真的需要负责的可能只有自己，所以，对无关的人，真的不需要解释。

知识不等于智慧，有知识不代表有智慧。知识，通过学习可以获得；智慧，在某种情况下就是做好事情的能力，与知识不一定有关联。因此，真正有智慧的人，不一定有广博的知识。

越给别人，自己越富有，这个道理并不复杂。李白说"千金散尽还复来"，完美诠释，无须赘言。

天道运行无常，不可识，不可知，不可控，以万物为刍狗，但是天道无害，反而有利于万物自然生长。

"圣人之道，为而不争"，讲了很多遍了：争是不争，不争是争，夫唯不争，天下莫能与之争。